핵심

프랑스어 문법규칙 60

윤소영 지음
Soyoung Yun-Roger

신아사

머리말

지금으로부터 그리 멀지 않은 예전에는 비교적 소수만이 지식을 보유하거나 다룰 수 있었으며 보유되거나 다루어진 지식의 양은 한정적이었다. 그러다가 개인 컴퓨터의 등장과 인터넷 혁명으로 일반 대중이 지식에 접근할 수 있는 기회와 지식의 양은 폭발적으로 증대하였다. 현대 사회의 개인들은 실제로 몇 번의 클릭만으로 방대한 양의 정보를 즉각적으로 불러올 수 있는 가능성을 얻었다. 그런데 범람하는 정보들 속에는 양질의 정보뿐 아니라 그렇지 못한 정보도 섞여 있게 마련이어서 현대인은 끊임없이 밀려드는 거대한 데이터 속에서 늘 선택을 해야 하는 상황에 놓이게 되었다. 이와 같은 오늘날의 학습환경에서는 예전과는 달리 빅데이터로부터 신뢰할 수 있는 정보를 간추려 효과적으로 핵심을 짚어 주는 학습도구의 필요성이 두드러지게 되었다. 본서는 시중에 프랑스어 문법의 핵심을 요약적으로 제시하여 압축적인 방식으로 복습할 수 있게 해 주는 학습서가 드물다는 점에 착안하여 집필하게 되었다.

이 책의 우선적인 대상은 프랑스어 문법을 한 번쯤 전체적으로 훑어본 적이 있으며 프랑스어 문법의 핵심을 비교적 빠른 리듬으로 체계적으로 정리해 보고자 하는 '비초보/비초급' 학습자들이다. 하지만 지금 이 순간에는 프랑스어 문법 초보자라도 가까운 미래에 우리가 대상으로 삼는 학습자가 될 것이기에 본서는 잠정적으로 그들을 위한 책이기도 하다.

본서의 특징으로는 우선 한 권의 책에 프랑스어 문법의 핵심을 전체적으로 총정리 하되 내용을 찾아보기 쉽게 편집하여 간편하게 사용할 수 있도록 한 점을 들 수 있다. 책을 펼쳤을 때 왼쪽과 오른쪽의 두 페이지가 규칙적으로 한 단원을 구성하며, 각 단원의 왼쪽 페이지에는 문법규칙과 주요예문을, 오른쪽 페이지에는 관련 연습문제를 실었다. 그리고 문법규칙을 기술함에 있어서 기술의 경제성과 명료성을 추구하고 친절한 설명이 되도록 노력한 점과 산출 문법적 관점을 들 수 있다.

√ 경제성과 간결성 지향

전 단원에 걸쳐 '~함, ~음'식의 개조식 문체로 문법규칙을 압축적으로 요약하였으며, 기술에 있어 전체적으로 경제성과 간결성을 추구하였다. 예를 들면, 여러 항목에 반복적으로 적용되는 문법규칙은 각 단원에서 매번 반복하는 것을 지양하고 해당 항목도 동일 규칙을 따른다는 점만을 간략히 언급하였다. 가령 조동사 선택 규칙과 과거분사(p.p.)의 성·수일치 규칙은 모든 복합시제에 공통으로 적용되는 규칙으로서, 이에 대해 가장 기본적 복합시제인 복합과거 단원에서는 여러 줄에 걸쳐 소개하였지만, 전미래, 대과거, 조건법 과거, 접속법 과거 단원에서는 각각 '동사의 조동사 선택 규칙과 p.p.의 성·수일치 규칙은 복합과거에서와 동일함'이라는 간결한 언급으로 대신하였다.

√ 명료성 지향

압축적이고 경제적인 문법 기술 방식을 지향하면서도 필요한 경우에는 해당 규칙을 명료하게 설명하는데 충분히 지면을 할애하였다. 소유형용사 단원에서 소유형용사를 소개한 후, 'son이 반드시 '그의'를, sa가 반드시 '그녀의'의 의미를 나타내지는 않음. son과 sa의 차이는 뒤에 나오는 명사의 문법성의 차이일 뿐이며 son과 sa는 둘 다 '그의 또는 그녀의'의 의미를 표현할 수 있음'과 같이 짚어 준 것이 한 예이다.

연습문제의 해답 제시 방식에 있어서도 최대한 명료함을 살리고자 하였다. 예를 들면, 복합과거 단원의 연습문제 중 현재시제 문장 'Je m'aperçois de mon erreur'를 복합과거로 바꿔 쓰는 문제에서, 1인칭 단수 대명사 je와 me는 발화상황에 따라 '남성단수' 또는 '여성단수'라는 두 가지 가능성을 지닌다는 점을 명확히 하기 위하여 해답에서도 'Je me suis aperçu(e) de mon erreur'와 같이 과거분사의 남·여성 형을 동시에 제시하였다.

√ 친절한 설명 지향

한편, 혼동의 소지가 있다고 판단되는 요소는 보다 친절하게 설명하였다. 한 예로, '부정문의 de' 단원에서, 긍정문을 부정문으로 전환할 때 문장 내 모든 부정관사와 부분관사를 기계적으로 'de'로 대체하는 과잉수정 오류를 방지하기 위하여 '주어 기능을 하는 명사 앞에 쓰인 부정관사나 부분관사는 부정문에서도 불변함'이라고 언급해 준 것과 같은 예이다.

해답에서도 필요하다고 판단되는 곳에 부연설명을 달았다. 가령 '부정문의 de' 단원 연습문제 중 'Elle a un sommeil de plomb'을 부정문으로 만드는 문제에 대하여, 우선 해답을 'Elle n'a pas un sommeil de plomb'이라고 제시한 뒤, 그 밑에 '해당 긍정문 Elle a un sommeil de plomb에서 un을 써 준 이유는 sommeil(잠)이 de plomb(깊은)으로부터 수식을 받아 '여러 부류의 잠 중에서도 깊은 잠'으로 하위분류 되었기 때문으로, 이 때의 un은 '~부류의' 정도의 의미를 나타냄. 이처럼 '~부류의' 라는 의미를 나타내는 부정관사는 부정문에서도 '부정의 de'로 변하지 않음'이라고 부가 주석을 달아 준 것과 같은 예이다.

√ 산출 문법적 관점

본서는 문학작품 등의 강독이나 독해보다는 구어·문어로 프랑스어 문장을 만들어 내는, 문장 산출(production de phrases)을 염두에 두고 집필한 문법서라 할 수 있다. 그렇기에 예를 들면 단순과거, 전과거, 접속법 반과거나 대과거와 같은 단원은 본서에서 찾아볼 수 없을 것이다. 반면, 문장 산출에 긴요한 연음규칙이나 모음생략규칙, 그리고 다른 문법서에서는 좀처럼 만나 보기 어려운 '형용사가 선택한 전치사', '같은 형태, 다른 문법요소' 등의 단원과 <부록1>과 같은 항목들을 만나 볼 수 있을 것이다.

산출 문법적 관점은 문법규칙을 기술하는 방식에서도 드러난다. 예를 들면, 'Ma grande sœur prend mon vélo'라는 예문의 소유형용사 선택에 대한 설명에서, 'grande sœur가 여성단수이므로 '나의'라는 의미를 나타내려 할 때 소유형용사도 여성단수인 ma를 썼음'이라는 언급에서도 볼 수 있듯이 '~라는 의미를 나타내려 할 때', 또는 '~를 썼음' 과 같은 표현을 통해서 문장을 산출하는 이의 관점에서 기술한 문법규칙임을 알 수 있다.

끝으로 본서의 활용 방식에 대해 짧게 언급하며 마치겠다. 이 책은 프랑스어 핵심 문법규칙을 독립적으로 학습 가능한 60개 단원으로 엮은 책이다. 명료하고 친절한 문법규칙 설명, 변별적인 예문 제시, 해답을 동반한 연습문제 수록과 같은 특징으로 본서는 충분히 자습서로 활용 가능하다. 각 단원이 독립적이니만큼, 이 책의 사용자는 단원을 원하는 순서대로 선별적으로 활용하거나 첫 단원부터 끝까지 순차적으로 훑어보거나, 그 어느 쪽도 좋다. 될 수 있다면 전 단원을 단 한 번만 훑지 말고 여러 차례 볼 것을 제안하는 바이나, 구체적인 사용방식은 각 학습자/사용자의 학습스타일에 맡긴다. 한편, 본서는 자습서로서뿐만 아니라 프랑스어 문법 강좌 또는 문법지식을 바탕으로 하는 작문이나 회화 같은 기타 강좌에서 교재로도 활용할 수 있다. 주당 4단원 정도씩 문법

진도를 나가면 한 학기에 마칠 수 있겠고, 작문이나 회화 수업 등에서는 학습자 활동 이전에 핵심문법규칙을 압축적으로 정리하는데 효과적으로 이용할 수 있을 것이다.[1]

감사의 글

무엇보다도 먼저 필자가 한국 대학에서 다양한 교육경험을 쌓는데 많은 도움을 주신 은사님과 교수님들께 감사드린다. 그분들 한 분 한 분께서 이 글을 읽으시며 각별한 감사의 마음을 전달 받으셨으면 한다.

또한, 프랑스어 문법 및 문장구조 분석에 관한 다양한 질문을 통해, 그리고 교수자 설명에 대한 진지한 반응을 통해 필자에게 직간접적으로 많은 영감을 준 동덕여자대학교 프랑스어문법 학생들, 고려대학교 프랑스어교과교재교육론, 프랑스어텍스트강독 학생들, 그리고 경희대학교 불어통사론 학생들에게 이 자리를 빌려 감사의 마음을 전한다.

끝으로, J'aime le coréen! 출간 이후 십 년 남짓 남다른 인연을 지속해 온 도서출판 신아사의 정현걸 사장님과 김금란 실장님을 비롯한 직원 여러분께도 깊은 감사를 표한다.

본서가 프랑스어 문법의 난해한 부분을 명확히 정리해 보는 하나의 계기가 될 수 있다면 더 바랄 나위 없겠다.

2017년 봄

예전에 학생이던 자신의 모습을 매우 잘 기억하는 저자 씀

---

1 한 예로, 문법지식을 바탕으로 한 작문 프로젝트 수업의 구안 및 실행을 소개한 필자의 논문 「로망포토(Roman-Photo) 프로젝트를 통합한 문법 교수·학습」 참조. 이 연구에서는 학습자들이 수업시간마다 본격적인 작문 활동을 시작하기에 앞서 품사별 요점정리 카드인 fiche grammaire를 활용하였음을 소개하였다. 본서의 각 단원 왼쪽 페이지는 바로 이 fiche grammaire를 대신하여 작문 프로젝트 수업과 유사한 수업의 틀 안에서 유용하게 활용될 수 있을 것이다.

약 어

qqn = quelqu'un 누군가
qqch = quelque chose 무엇인가
p.p. = participe passé 과거분사

inf. = infinitif 부정법 또는 infinitive 부정문
ind. = indicatif 직설법
sub. = subjonctif 접속법

Adj = Adjectif 형용사
Adv = Adverbe 부사
V = Verbe 동사
N = Nom 명사
P = Préposition 전치사

직 · 목 = 직접목적보어
간 · 목 = 간접목적보어
성 · 수 = 성(genre)과 수(nombre)

N.B. = Nota Bene 주의, 주

<언어학에서 차용한 용어>

~절: 서술어의 기능을 갖는 동사의 경우 부정법이나 분사형으로 쓰인 동사라도 명시적/암묵적 주어와 함께 하나의 '절'을 이룬다고 간주하여 부정법절, 현재분사절과 같은 용어를 부분적으로 사용함. 하지만 '절'의 개념을 굳이 강조할 필요가 없을 경우 편의상 단순히 부정법, 현재분사 등으로 지칭함.

~구: 명사, 동사, 형용사 등 어떤 하나의 어휘적 품사를 중심어로 하여 함께 묶일 수 있는 둘 이상의 단어군을 '구(syntagme)'로 분석하여 부분적으로 명사구, 동사구, 형용사구 등의 용어를 사용함. '구'의 개념을 강조할 필요가 없는 맥락에서는 단순히 명사, 동사, 형용사 등으로 지칭함.

N.B. point virgule ; 은 문장 안의 긴 열거항목을 부분 부분 끊어 제시할 때 시각적 편안함을 위해 사용하였음.

목차

핵심 프랑스어 문법규칙 60

1 정관사 *le, la, l', les*

Règle

남성단수명사 앞에서 **le**, 여성단수명사 앞에서 **la**, 모음이나 무음 h로 시작하는 단수 명사 앞에서는 **l'** 형태를, 복수 명사 앞에서는 **les**를 씀.

주의! 유음 h로 시작하는 명사 앞에서는 명사의 성에 따라 le나 la를 써 줌(*le héros, la haine*)

명사의 복수형 앞에서는 남성 명사든 여성 명사든 항상 les를 씀.

무엇에 대해 이야기하는지 알고 있는 경우, 동일한 종류의 사람이나 사물에 대해 전반적으로 말할 때, 이 세상에서 유일한 것을 지칭할 때, 신체일부 명사(팔, 다리, 머리...) 앞에서, 좋고 싫음을 표현하는 기호동사의 목적보어 명사 앞에서 사용됨.

▪ Exemple 1

La clé est sur **la** table.

열쇠는 식탁 위에 있다.

정관사를 써 주어 특정 열쇠와 특정 식탁을 가리킴. 어떤 열쇠를 말하는지, 또 어떤 식탁을 말하는지 화자와 청자가 알고 있음.

▪ Exemple 2

Le chimpanzé est un animal très intelligent.

침팬지는 매우 영리한 동물이다.

어떤 부류를 총칭하여 지시하면서 그것에 대한 일반적 사실을 표현할 때 정관사를 써 줌.

▪ Exemple 3

J'adore **le** vin.

나는 포도주를 좋아한다.

기호동사의 직접목적보어 명사는 정관사를 취하므로 adorer(좋아하다)의 목적보어인 vin(포도주) 앞에 정관사 le를 써 주었음.

▪ Exemple 4

Il a **les** yeux bleus.

그는 눈이 파랗다(← 그는 파란 눈을 지녔다)

신체 일부를 나타내는 명사인 yeux(눈) 앞에 정관사 les를 썼음. 여기서 '눈'의 소유주는 주어 Il이 표현함.

- **EXERCICE 1:** 알맞은 정관사를 써 넣으시오.

a) .... voyage
b) .... année
c) .... jours
d) .... haine
e) .... fleur

- **EXERCICE 2:** 복수형으로 만드시오.

a) l'université → ....
b) le fauteuil → ....
c) l'image → ....
d) l'ours → ....
e) le plan →........................

- **EXERCICE 3:** 알맞은 정관사를 채워 넣으시오.

a) .... Coréens adorent .... jeux vidéo.
b) .... premier livre d'Anne est génial.
c) J'espère visiter .... Tour Eiffel un jour.
d) Michel répare .... ordinateur.
e) .... lune est souvent associée à la féminité.

- **EXERCICE 4:** 알맞은 정관사를 채워 넣으시오.

a) Elle a .... yeux plus gros que .... ventre.
b) .... dos me gratte.
c) Il a mal à .... jambe gauche.
d) Il se croise souvent .... bras.
e) J'ai .... pieds enflés.

2 부정관사 *un, une, des, de*

Règle

남성단수명사 앞에서 **un**, 여성단수명사 앞에서 **une**, 명사의 복수형 앞에서 **des**를 씀.
대화자가 알지 못하는 불특정한 사람, 사물, 사건 등을 지칭하는 명사 앞에 쓰임. 단수일 때 대략 '어떤 하나의~', 복수일 때 대략 '몇몇의~'의 의미를 지님.
단수에서 같은 부류의 사람이나 사물을 총칭하기도 하는데, 이때는 '보통~이란'의 뉘앙스를 지님. 관계절, 전치사구 등으로 한정된 명사여도 그 명사가 지칭하는 것이 정확히 무엇/누구인지 알지 못하는 경우에도 명사 앞에 부정관사를 써 줌. 속사 자리에 나오는 무관사 명사가 형용사의 수식을 받아 '~ 류의'라는 하위부류 개념을 만들어낼 때도 부정관사를 씀.

주의! 원칙적으로는 '부정관사 복수 + 복수형용사 + 복수명사'가 나와야 하는 어순에서 부정관사 복수형 des는 **de**로 바뀜(**de** bons livres).

■ Exemple 1

Je cherche **une** chaise.

나는 의자를 찾는다.

아무 의자나 특정치 않은 어떤 의자를 하나 찾는다는 의미.

■ Exemple 2

Un enfant a besoin d'une mère.

아이는 어머니가 필요하다.

아이란 (부류는 자고로) 어머니를 필요로 한다는 의미.

■ Exemple 3

Achetons **un** livre de Bernard Werber !

베르나르 베르베르의 책을 사자.

여기서 livre(책)은 '베르나르 베르베르의 책'이라고 어느 정도는 한정이 되어 있으나, 저자의 책 중 어느 특정한 책인지는 알 수 없는 '한정불특정명사'임. 즉, 사게 될 책의 제목은 아직 모르나 베르나르 베르베르의 책을 한 권 사자는 의미로서, 이런 경우 부정관사를 써 줌. 만일 작가가 쓴 어떤 특정 책을 염두에 두고(예를 들어 작가의 최신작) 말을 했다면 'Achetons **le** livre de Bernard Werber !' 라고 정관사를 써 줌.

■ Exemple 4

Paul est **un** médecin exceptionnel.

뽈은 뛰어난 의사이다.

단순히 '뽈은 의사이다'라고 할 경우에는 속사 자리에 무관사 명사를 써 주어 'Paul est médecin'이라고 하나, 형용사 exceptionnel(뛰어난)이 명사 médecin(의사)를 수식하여 '의사'라는 부류 중에서도 '뛰어난 의사'라는 하위분류 개념이 형성되었으므로 명사 앞에 부정관사를 써 줌.

- **EXERCICE 1:** 알맞은 부정관사를 써 넣으시오.

a) .... clé
b) .... fleurs
c) .... imagination
d) .... musée
e) .... fée

- **EXERCICE 2:** 복수형으로 만드시오.

a) Un téléphone → ....
b) Un cheval → ....
c) Un nuage → ....
d) Un cours → ....
e) Une étudiante → ....

- **EXERCICE 3:** 알맞은 부정관사를 채워 넣으시오.

a) .... homme est dans le jardin.
b) Paul cherche .... alliés.
c) J'ai .... faim de loup.
d) François a .... de ses peurs !
e) C'est .... maison bien ensoleillée.

- **EXERCICE 4:** 부정관사가 필요한 경우 알맞은 부정관사를 채워 넣으시오.

a) Mélanie cherche .... appartement.
b) Il y a .... soleil éclatant.
c) Jeanne est .... architecte.
d) .... promesse est une promesse.
e) Frédéric est .... Français atypique.

3 부분관사 *du, de la, de l'*

Règle

남성명사 앞에서 **du**, 여성명사 앞에서 **de la**, 모음이나 무음 h로 시작하는 명사 앞에서는 **de l'** 를 씀.
일정한 형체가 없어 숫자로 그 수를 정확히 세기 어려운 **추상명사**나 **물질명사** 앞에서 주로 쓰임.
또한 원래는 숫자로 수치화할 수 있는 구상 개체명사라도 **의미상 물질로 취급되었을 경우** 부분관사를 쓸 수 있음(**un** poisson → **du** poisson). 이 경우 부분관사는 '정확하지 않은 얼마간의 분량의~' 정도의 의미를 나타냄.

▪ Exemple 1

Je veux **de l**'eau.

나는 물을 원한다.

물질명사인 eau(물)을 부분관사와 함께 써 주어 정확히 얼만큼의 양을 원하는지는 명시하지 않고 단지 '얼마간의 물'을 원한다는 의미를 나타냄. 모음으로 시작하는 명사 앞이므로 de l' 를 썼음.

▪ Exemple 2

Ils ont **du** courage et **de l**'énergie.

그들은 용기와 에너지를 지녔다.

courage(용기)와 énergie(에너지)는 '하나, 둘, 셋...' 하고 수로 셀 수 없는 추상명사이므로 부분관사와 함께 써 줌.

▪ Exemple 3

Elle veut manger **du** poisson.

그녀는 생선을 먹고 싶어 한다.

poisson(생선)의 일부, 즉 불특정한 분량을 먹고 싶어한다는 의미로 본래는 셀 수 있는 개체명사인 poisson(물고기)를 물질명사(→생선살)로 취급하여 부분관사를 써 줌. 여기서 du는 개체명사를 '물질화' 하였음.

▪ Exemple 4

Aujourd'hui, il y a **du** soleil.

오늘은 볕이 난다.

soleil는 '태양'을 뜻할 경우 유일한 존재물로서 통상적으로 정관사와 쓰이지만(**Le** soleil brille) 그 수량을 정확히 측정키 어려운 '햇볕'을 의미할 경우에는 물질명사로 취급되어 부분관사를 써 줌. 단, 명사 soleil가 하위분류화 되면 un을 써 줌(Il y a **un** beau soleil).

■ **EXERCICE 1:** 알맞은 부분관사를 써 넣으시오.

a) .... vin
b) .... purée
c) .... orage
d) .... affection
e) .... salade

■ **EXERCICE 2:** 알맞은 부분관사를 채워 넣으시오.

a) Bois .... lait pour grandir.
b) Il faut .... patience.
c) Vous avez encore .... pain ?
d) J'ai .... temps.
e) Tu as .... essence ?

■ **EXERCICE 3:** 부분관사, 정관사, 부정관사 중 알맞은 관사를 채워 넣으시오.

a) .... vent se lève.
b) Il y a .... vent ce matin.
c) Il y a .... vent violent.
d) Cette maison a .... charme.
e) Cette maison a .... charme fou.

■ **EXERCICE 4:** 부분관사, 정관사, 부정관사 중 맥락에 맞는 관사를 채워 넣으시오.

a) 쥴리에뜨가 시장에서 닭 가슴살을 산다.
→ Juliette achète .... poulet.
b) 쥴리에뜨가 시장에서 통닭 한 마리를 산다.
→ Juliette achète .... poulet rôti.
c) 아버지가 소유하고 있는 가보로 내려오는 바로 그 테이블을 발견한 아들이 말한다. → C'est .... table de mon père.
d) 아버지가 소유하고 있는 여러 테이블 중 어떤 한 테이블을 발견한 아들이 말한다. → C'est .... table de mon père.

4 무관사 명사

Règle

• 'être류' 동사(devenir, rester...)의 속사로 쓰인 국적이나 직업 명사 ; 인물명이나 도시명 ; '동사 + 명사' 관용구의 명사(*avoir Ø* ***soif****, inspirer Ø* ***confiance***) ; 일부 전치사(en, sans, avec, de, à...) 뒤에 나오는 명사 ; 열거되어 나오는 명사 등이 보통 관사 없이 사용되는 무관사 명사임.

주의! 긍정문에서 무관사인 명사는 부정문(négative)에서도 그대로 무관사 명사임.

주의! 전치사구나 형용사(구)가 명사를 꾸며주어 '하위분류'의 개념이 발생하는 경우에는 전형적으로 무관사 명사가 사용되는 관용표현(*J'ai Ø faim*)일지라도 명사 앞에 부정관사를 써 줌(*J'ai* ***une*** *faim de loup*).

▪ Exemple 1

Il est **Ø** écrivain.

그는 작가이다.

직업명사 écrivain(작가)가 être(이다)의 속사로 쓰인 전형적인 무관사 명사 맥락임.

▪ Exemple 2

Ø Marie aime **Ø** Paris.

마리는 파리를 좋아한다.

인물명이나 도시명에는 관사를 쓰지 않음.

주의! 인물명이나 도시명이 관계절 등의 수식을 받으면 그 앞에 정관사를 써 줌(Cette personne n'est pas **la** Marie que je connais).

▪ Exemple 3

Paul n'a pas **Ø** soif.

뽈은 목이 마르지 않다.

avoir soif는 '동사 + 무관사 명사'로 이루어진 관용구로서, 이 관용표현이 부정문에 쓰여도 무관사 명사(soif)는 계속 무관사 명사임.

▪ Exemple 4

Ø Hommes, **Ø** femmes, **Ø** enfants, tout le monde est venu.

남자들, 여자들, 아이들, 모두가 왔다.

여러 명사가 동등한 자격으로 열거될 때 흔히 관사가 생략됨.

■ **EXERCICE 1: 다음 중 알맞은 무관사 명사를 채워 넣어 문장을 완성하시오.**

attention, confiance, raison, carte blanche

a) Ils lui donnent ....
b) Ils y prêtent ....
c) Tu as ....
d) Elle inspire ....
e) Aie .... !

■ **EXERCICE 2: 무관사(Ø), 정관사, 부정관사, 부분관사 중 알맞은 관사를 채워 넣으시오.**

a) J'ai très .... sommeil.
b) Elle a .... sommeil de plomb.
c) Ils ont élu Paul .... président.
d) Les moutons mangent .... herbe.
e) Cette bague est en .... or.

■ **EXERCICE 3: 무관사(Ø), 정관사, 부정관사, 부분관사 중 알맞은 관사를 채워 넣으시오.**

a) Luc aime .... fromage.
b) Lucie n'aime pas .... fromage.
c) La nuit porte .... conseil.
d) Il hausse .... épaules.
e) Il nous reçoit avec .... gentillesse.

■ **EXERCICE 4: 무관사(Ø), 정관사, 부정관사, 부분관사 중 알맞은 관사를 채워 넣으시오.**

a) Il nous reçoit avec .... gentillesse inouïe.
b) Paul se déplace tout le temps en .... métro.
c) .... Séoul est la capitale de .... Corée.
d) J'ai .... tête qui tourne.
e) Il parle d'astronomie avec .... passion.

5 부정문의 *de*

Règle

부정문(proposition négative) 에서 동사의 **목적어 기능을 하는 명사 앞**에 나오는 **부정관사**(un, une, des)**와 부분관사**(du, de la, de l')는 **de**로 대체됨. 모음이나 무음 h로 시작하는 명사 앞에서는 **de** 대신 축약형 **d'**를 씀.

주의! **주어 기능을 하는 명사 앞**에 쓰인 부정관사나 부분관사는 부정문에서도 **불변함**.

주의! 무관사 명사 또는 '정관사 + 명사'는 부정문에서도 불변함.

■ Exemple 1

Paul n'a pas **de** petite amie.

뽈은 여자친구가 없다.

이 문장에 대응하는 긍정문은 'Paul a une petite amie'로, petite amie(여자친구)가 avoir동사의 직접목적보어이므로 그 앞의 부정관사 une는 부정문에서 de로 대체됨.

■ Exemple 2

Paul n'a pas **de** livres à lire.

뽈은 읽을 책이 없다.

대응하는 긍정문은 'Paul a des livres à lire'로서 livres(책)이 avoir동사의 직접목적보어이므로 그 앞의 부정관사 des는 부정문에서 de로 대체됨.

주의! Paul a un livre à lire에 대응하는 부정문인 경우는 Paul n'a pas de livre à lire로 단수명사를 유지함.

■ Exemple 3

Paul n'a pas **de** monnaie.

뽈은 동전이 없다.

긍정문의 Paul a de la monnaie에서 avoir동사의 직접목적보어인 de la monnaie의 부분관사 de la가 부정문에서 de로 대체됨.

■ Exemple 4

Paul n'a pas **de** talent.

뽈은 재능이 없다.

긍정문의 Paul a du talent에서 부분관사 du가 '부정문의 de'로 대체됨.

■ **EXERCICE 1:** 부정문의 **de** 를 알맞게 써 넣어 문장을 완성하시오.

a) Il veut un prix. → Il ne veut pas .... prix.
b) Il cherche un appartement. → Il ne cherche pas .... appartement.
c) Il dessine des fleurs. → Il ne dessine pas .... fleurs.
d) Il y a des livres à vendre. → Il n'y a pas .... livres à vendre.
e) Il prend de la viande. → Il ne prend pas .... viande.

■ **EXERCICE 2:** 필요한 경우 정관사, 부정관사, 부분관사, '부정문의 **de**' 중 알맞은 관사를 채워 넣으시오.

a) Elle n'a pas très .... sommeil.
b) Ces moutons ne mangent pas .... herbe.
c) On n'a pas élu Paul .... président.
d) Lucie n'aime pas .... fromage.
e) Elle n'a pas .... sommeil de plomb.

■ **EXERCICE 3:** 부정문으로 다시 쓰시오.

a) Elle prend un repas. → ....
b) Il a des frères ? → ....
c) J'ai des magazines. → ....
d) Cécile a une robe à mettre. → ....
e) Les frères de Paul viennent ce soir. → ....

■ **EXERCICE 4:** 부정문으로 다시 쓰시오.

a) Il cherche de l'or. → ....
b) Tu veux de la sauce ? → ....
c) Paul a de la chance. → ....
d) Ils ont du courage. → ....
e) Vous avez froid ? → ....

6 명사의 문법성과 여성형

Règle

• 사람과 동물을 의미하는 명사의 경우, 문법성(genre)은 생물의 자연성(sexe)을 그대로 따름.
그 외의 명사는 일반적으로 남성과 여성 중 어느 하나의 **고유 문법성**을 지님.
명사의 형태로써 문법성을 어느 정도 추측할 수 있음. 예를 들면, -age*, -ail, -al, -ard, -bal, -eau, -eur, -er, -ier, -isme, -ist, -ium, -ment, -oir, -phe 등으로 끝나는 명사는 대개 남성명사이고(*예외적으로 page, image, plage, nage, rage는 여성명사),
-ison, -sion, -tion, -ance, -anne, -esse, -ette, -ière, -phie, -tude, -té, -ure 등으로 끝나는 명사는 여성명사임. 그 외의 명사의 성은 명사별로 학습해야 함.

• 〈남성명사 → 여성명사〉 전환 :
일반적으로 남성명사에 여성형 어미 -e를 붙여 여성명사를 만듦. 단, -e로 끝나는 남성명사의 경우 여성형이 남성형과 동일함.
-teur/-trice, -eur/-euse, -ier/-ière 등의 전형적인 남성/여성 어미형태가 있음. -el, -en, -at, -ot, -ien, -ion 등의 남성어미는 마지막 자음을 반복한 후 –e를 붙이는 자음반복패턴을 따름 (comédien**ne**).

■ Exemple 1

Cette **dame** est avocat**e.**

저 부인은 변호사다.

'부인'을 뜻하는 dame의 자연성(sexe)이 여성이므로 문법성(genre) 역시 여성임. 또한, 문장 주어가 여성이므로 주어 속사 avocat에 -e를 붙여 성·수 일치함(avocat**e**).

■ Exemple 2

Votre fils est **dentiste** ? Ma fille est **dentiste** aussi !

선생님 아들이 치과의사라고요? 제 딸도 치과의사입니다.

원래 -e로 끝나는 명사는 남성, 여성 동형임.

■ Exemple 3

Aujourd'hui, il y a beaucoup plus de specta**trices** que d'habitude.

오늘은 보통 때보다 여성 관객이 훨씬 더 많다.

-teur로 끝나는 명사는 여성형을 만들 때 -trice로 바꿔 줌(spectateur → spectatrice).

■ Exemple 4

Jeanne souhaite devenir champion**ne** de ski un jour.

쟌은 언젠가 스키 챔피언이 되기를 희망한다.

-ion으로 끝나는 명사는 여성형을 만들 때 –ionne로 써주는 자음반복패턴을 따름.

■ **EXERCICE 1:** 아래 명사들을 남성명사와 여성명사로 구분하시오.

conjugaison, mariage, travail, âge, invention, journal, boulevard, seau, comtesse, vendeur, pompier, invasion, chance, paysanne, image, carnaval, silhouette, philosophe, étude, page

남성명사: ....

여성명사: ....

■ **EXERCICE 2:** 여성명사로 만드시오.

a) romancier → ....

b) danseur → ....

c) traducteur → ....

d) paysan → ....

e) cadet → ....

■ **EXERCICE 3:** 여성명사로 만드시오.

a) Canadien → ....

b) étranger → ....

c) architecte → ....

d) espion → ....

e) comte → ....

■ **EXERCICE 4:** 이탤릭체 명사의 여성형으로 문장을 완성하시오.

a) C'est un *Français* ou une .... ?

b) C'est un *ami* ou une .... ?

c) C'est un *violoniste* ou une .... ?

d) C'est un *pharmacien* ou une .... ?

e) C'est un *acteur* ou une .... ?

7 명사의 복수형

Règle

- 일반적으로 단수명사에 복수어미 -s를 붙여 복수형을 만듦. 단, -eau, -au, -eu로 끝나는 명사는 -s 대신 -x를 붙임. -al로 끝나는 명사는 몇몇 예외(bals, carnavals, festivals, récitals)를 제외하고는 복수형이 -aux로 끝남(jour**nal**/jour**naux**) ; -ou로 끝나는 명사는 예외적으로 복수어미 -x를 취하는 일곱 단어(bijou, caillou, chou, genou, hibou, joujou, pou)를 제외하면 규칙적으로 –s를 붙임(nounou/nounou**s**) ; -s, -x, -z 로 끝나는 명사에는 따로 복수어미를 추가하지 않음.
- 〈복합명사의 복수형〉:
- **동사 + 명사**로 이루어진 복합명사는 명사에만 복수어미가 붙음.
- **형용사 + 명사(**또는 **명사 + 형용사)**로 이루어진 복합명사는 두 단어에 모두 복수어미가 붙음.
- **명사 + 전치사 + 명사**의 복합명사는 첫 번째 명사에만 복수어미가 붙음.
- **명사 + 명사**로 이루어진 복합명사의 경우, 두 명사에 모두 복수어미가 붙거나(café**s**-théâtre**s**) 첫 번째 명사에만 붙는(timbre**s**-poste) 두 가지 경우로 나뉨.

■ Exemple 1

Les **garçons** doivent acheter des **seaux** et des **pelles** pour leurs **jeux**.

소년들은 게임을 위해 양동이와 삽을 (몇 개) 사야 한다.

명사의 복수형은 일반적으로 -s를 붙여 만드나(garçons, pelles), -eau, -au, -eu로 끝나는 명사의 복수형은 -x를 붙여 만듦(seaux, jeux).

■ Exemple 2

David lit tous les **journaux** chaque matin.

다비드는 아침마다 모든 신문들을 읽는다.

-al로 끝나는 단수명사 journal이 복수형에서는 journaux로 됨.

■ Exemple 3

Alice imite des **voix** masculines.

알리스는 남자목소리들을 흉내 낸다.

x로 끝나는 명사에는 따로 복수어미를 추가하지 않으며 이때 명사가 단수 의미인지 복수 의미인지는 그 앞의 관사(des)를 보아 알 수 있음.

■ Exemple 4

Ses **grands-parents** possèdent trois **coffres-forts**.

그의 조부모는 금고를 세 개 소유하고 있다.

'형용사 + 명사' (grands-parents), 또는 '명사 + 형용사' (coffres-forts) 구조의 복합명사는 명사와 형용사에 모두 복수어미를 붙여 줌.

■ **EXERCICE 1:** 복수형으로 만드시오.

a) un détail → ....
b) un chapeau → ....
c) une souris → ....
d) une danseuse → ....
e) un choix → ....

■ **EXERCICE 2:** 복수형으로 만드시오.

a) un signal → ....
b) un ananas → ....
c) un tabou → ....
d) un bijou → ....
e) un carnaval → ....

■ **EXERCICE 3:** 복수형으로 만드시오.

a) un porte-clés → ....
b) un arc-en-ciel → ....
c) une tasse à café → ....
d) un café-théâtre → ....
e) un timbre-poste → ....

■ **EXERCICE 4:** 이탤릭체 복합명사에서 두 번째 명사에 **-s**가 붙지 않은 이유를 설명하시오.

a) Ils font des *ventes flash*.
b) Ce sont des *films culte*.
c) Les *chefs-d'œuvre* de Chopin sont innombrables.

8 형용사의 여성형

Règle

- 형용사의 여성형은 보통 기본형(=남성형)에 여성형어미 -e를 붙여 만드나, -ot, -on, -en, -el, -et로 끝나는 형용사는 마지막 자음을 반복한 후 -e를 붙임(sot/sot**te**) ; 단 -et로 끝나는 형용사는 어떤 것은 자음반복패턴을 따르고(net/net**te**) 어떤 것은 –ète로 끝남(secret/secr**ète**) ; -er로 끝나는 형용사는 -ère가 됨(fier/fi**ère**) ; -eur나 -eux로 끝나는 형용사는 -euse가 됨(charmeur/charm**euse**) ; 모음 -e로 끝나는 형용사는 남성형과 여성형이 동일(calme) ; 그 외도 자주 쓰이는 몇몇 형용사의 예외적인 여성형(blanc/blanche, doux/douce, favori/favorite, gentil/gentille, long/longue, neuf/neuve, public/publique, vieux/vieille 등)이 있음.

주의! beau, nouveau, vieux는 각각 여성형 belle, nouvelle, vieille 외에도 남성 제2형(bel, nouvel, vieil)을 지님. 남성 제2형은 모음이나 무음 h로 시작하는 남성명사 앞에서 써 줌(*un bel enfant*).

- 색깔 형용사의 여성형 : 색깔 형용사가 단독으로 여성명사를 수식하면 여성형을 쓰나, 색깔 형용사 자체가 또 다른 단어의 수식을 받으면 불변함.
- 〈복합 형용사의 여성형〉
  - **형용사 + 형용사**로 이루어진 복합형용사는 두 단어 모두 수식하는 여성명사와 일치함.
  - **전치사 + 형용사**로 이루어진 복합형용사는 형용사만 여성형이 됨(sous-marin**e**).

■ Exemple 1

Elle est très **heureuse** et elle est **fière** de sa famille.

그녀는 매우 행복하고 자신의 가족이 자랑스럽다.

주어 elle과 일치하여 형용사 heureux와 fier의 여성형을 써 줌.

■ Exemple 2

Manon porte une robe **bleu** clair. 마농은 연푸른색 원피스를 입었다.

bleu(푸른) 단독으로 robe(원피스)를 꾸며주면 une robe bleue처럼 bleu가 명사 robe와 성·수 일치하나, 색깔 형용사 bleu 자체가 또 다른 형용사 clair의 수식을 받아 '연한 푸른색'의 의미를 지니므로 색깔형용사 bleu는 불변함.

■ Exemple 3

Isabelle porte des bottes **marron**.

이자벨은 밤색 부츠를 신었다.

예외적으로, 사물의 색에서 따온 일부 형용사(marron, orange, indigo...)는 단독으로 명사를 꾸며도 명사와 성·수 일치하지 않음.

■ Exemple 4

Claire aide la cliente **sourde-muette**.

끌레르는 귀먹고 벙어리인 여자 고객을 돕는다.

복합형용사를 이루는 형용사 sourd와 muet는 둘 다 여성명사 cliente와 일치하여 여성형이 됨.

■ **EXERCICE 1:** 형용사의 여성형을 쓰시오.

a) content → ....
b) secret → ....
c) sûr → ....
d) fataliste → ....
e) joyeux → ....

■ **EXERCICE 2:** 형용사의 여성형으로 채워 넣으시오.

a) net → une ligne ....
b) neuf → une nappe ....
c) long → une manche trop ....
d) sot → une idée ....
e) mignon → une fille ....

■ **EXERCICE 3:** 이탤릭체 형용사의 여성형을 채워 넣어 문장을 완성하시오.

a) Paul est *favori* ; Marie est ....
b) Paul est très *doux* ; Marie est très ....
c) Paul est *fidèle* à lui-même ; Marie est .... à elle-même.
d) Paul est *fort* en maths ; Marie est .... en maths.
e) Paul est *bon* en maths ; Marie est .... en maths.

■ **EXERCICE 4:** 괄호 안의 형용사를 순서대로 여성형으로 채워 넣으시오.

a) Cette dame est .... ou .... ? (jeune-vieux)
b) Cette école est .... ou .... ? (public-privé)
c) Cette maison est .... ou .... ? (neuf-ancien)
d) Sa femme est .... ou .... ? (gentil-méchant)
e) Elle cherche une robe .... ou .... ? (blanc-blanc cassé)

9 형용사의 복수형

Règle

형용사 단수형에 복수어미 -s를 붙이는 것이 일반적임. -eau로 끝나는 형용사는 -s 대신 -x를 붙임(nouveau/nouveau**x**) ; –al*로 끝나는 형용사는 대부분 -aux가 됨(amical/amic**aux**) ; -s 나 -x로 끝나는 형용사의 남성복수형은 단수형과 동일함(bas, doux).

주의! *-al로 끝나는 몇몇 형용사는 단순히 -s를 취함(banal**s**, fatal**s**, final**s**).

- 〈복합형용사의 복수형〉

- **형용사 + 형용사**로 이루어진 복합형용사는 두 형용사에 모두 복수어미가 붙음.
- **전치사 + 형용사**로 이루어진 복합형용사는 형용사에만 복수어미가 붙음.

■ Exemple 1

Ils vendent des manteaux **gris**.

그들은 회색 외투들을 판다.

gris는 s로 끝났으므로 복수형에서 따로 복수어미를 붙이지 않음.

■ Exemple 2

Ce sont des conseils **amicaux**.

이것은 우정 어린 조언이다.

-al로 끝나는 형용사 amical이 복수형에서는 amicaux가 되었음.

■ Exemple 3

Voici mes **nouveaux** amis.

제 새로운 친구들을 소개합니다(← 여기 저의 새로운 친구들입니다).

-eau로 끝나는 형용사 nouveau가 복수형에서 nouveaux가 되었음.

■ Exemple 4

Jean recherche des saveurs **aigres-douces**.

장은 새콤달콤한 맛을 찾는다.

복합형용사를 형성하는 aigre와 doux가 둘 다 여성복수명사 saveurs와 성·수일치하여 여성복수형이 되었음(aigres-douces).

■ **EXERCICE 1:** 형용사의 복수형을 쓰시오.

a) français → ....
b) international → ....
c) faux → ....
d) fataliste → ....
e) banal → ....

■ **EXERCICE 2:** 형용사의 복수형을 채워 넣으시오.

a) un sac bleu → des sacs ....
b) une voiture neuve → des voitures ....
c) un enfant sourd-muet → des enfants ....
d) un exercice oral → des exercices ....
e) une réunion internationale → des réunions ....

■ **EXERCICE 3:** 괄호 안의 형용사를 알맞은 형태로 채워 넣으시오.

a) Ils sont .... ? (excellent)
b) Ils sont .... ? (beau)
c) Elles sont .... ? (émouvant)
d) Elles sont .... ? (cruel)
e) Elles sont .... ? (amical)

■ **EXERCICE 4:** 괄호 안의 형용사를 알맞은 형태로 채워 넣으시오.

a) Marie et Paul sont .... dans ce quartier. (nouveau)
b) Marie et Claire sont .... dans ce quartier. (nouveau)
c) Ces événements leur sont .... (fatal)
d) Ce sont des plantes .... (sous-marin)
e) Marie et Claire sont .... (sourd-muet)

10 품질형용사

Règle

일반적으로 명사 뒤에 놓이며, 모양, 크기, 색깔, 형태, 성질 등을 다양하게 표현함.

- 〈예외적으로 명사 앞에 놓이는 품질형용사〉
  단어의 길이가 짧고 일상생활에서 사용빈도가 높은 beau, bon, grand, joli, mauvais, nouveau, petit, vieux 등은 **예외적으로 명사 앞**에 놓임(*un **vieux** monsieur*).

주의! 이 형용사들이 부사나 전치사구의 수식을 받아 '길어지는' 경우에는 다시 명사 뒤에 놓임(*un monsieur **vraiment vieux***).

- -eau로 끝나는 형용사 beau, nouveau 등은 모음이나 무음 h로 시작하는 남성명사 앞에서는 각각 bel, nouvel로 바뀌어 모음충돌을 피하고 연음해 줌(*un bel enfant, un bel homme*).
- 명사의 앞뒤에 모두 나올 수 있는 일부 품질형용사(grand, petit, pauvre, brave, cher...)는 위치에 따라 의미가 다소 달라짐. 일반적으로 명사 앞에서는 주관적이며 감정적인 의미를, 명사 뒤에서는 객관적이며 논리적, 물리적인 의미를 나타냄.
- 명사 앞뒤에 붙는 **부가형용사**뿐 아니라, 'être류'나 'trouver류' 동사와 같은 연결동사 뒤에서 '**속사**(attribut)' 기능을 하는 품질형용사도 의미상 연결되는 명사와 성·수 일치 시켜줌(**Elle** est **belle**, Je **la** trouve **belle**).

▪ Exemple 1

Max est un garçon **généreux**.

막스는 관대한 소년이다.

성품을 나타내는 품질형용사 généreux(관대한)이 명사 garçon 뒤에 나왔음.

▪ Exemple 2

Ils achètent une table **ronde**.

그들은 원탁을 산다.

모양을 나타내는 품질형용사 rond(둥근)이 명사 table 뒤에 나왔고 table과 여성단수로 성·수일치하였음(ronde).

▪ Exemple 3

Jean est un **nouvel** homme maintenant.

장은 이제 새로운 사람이다.

-eau로 끝나는 형용사 nouveau가 무음 h로 시작하는 homme 앞에서 nouvel로 바뀌었음.

▪ Exemple 4

De Gaulle est un **grand** homme et il est aussi un homme **grand**.

드골은 위대한 인물이다. 그는 키가 큰 사람이기도 하다.

형용사 grand이 명사 앞에서는 '위대한'의 뜻을, 명사 뒤에서는 물리적, 신체적으로 '키가 큰'의 뜻을 지님.

EXERCICE 1: 괄호 안에 주어진 품질형용사를 알맞은 위치에 채워 넣으시오.

a) J'ai un .... sac .... (robuste)
b) Tu es une .... fille .... maintenant ! (grande)
c) Il a un .... caractère .... (généreux)
d) C'est une .... idée .... (bon)
e) C'est une .... idée .... (trop bête)

EXERCICE 2: 괄호 안의 어휘를 이용하여 프랑스어로 쓰시오.

a) 한 예쁜(joli) 소녀 → une ....
b) 한 매우(extrêmement) 예쁜 소녀 → une ....
c) 한 우수한(bon) 학생 → un ....
d) 한 매우(extrêmement) 우수한 학생 → un ....
e) 한 예쁘고 명랑한(joyeux) 소녀 → une ....

EXERCICE 3: 괄호 안의 품질형용사를 알맞은 형태로 채워 넣으시오.

a) Mon .... frère me donne un ordinateur très .... (cher)
b) Dans ce .... monde, Paul est un .... héro. (nouveau)
c) C'est un mariage entre un .... prince et une .... princesse. (beau)
d) C'est un mariage entre un .... homme et une .... femme. (beau)
e) Vincent est un très .... homme. (vieux)

EXERCICE 4: 괄호 안의 품질형용사를 알맞은 형태로 채워 넣으시오.

a) Cette pièce n'est pas assez .... (spacieux)
b) Ces dames sont très .... (âgé)
c) Ces histoires sont .... (ennuyeux)
d) Ce garçon est .... à rien (bon)
e) Julie et sa mère sont .... (vieux)

11 지시형용사 *ce, cet, cette, ces*

Règle

남성단수 **ce**, 여성단수 **cette**, 복수 **ces**가 있으며 문맥에 따라 '이', '그', '저'의 의미를 나타냄. 모음이나 무음 h로 시작하는 남성단수명사 앞에서는 ce의 변이형인 **cet**를 씀. 시간을 나타내는 일부 표현에도 쓰임(예. *ce soir* 오늘 저녁).

• 〈지시형용사 복합형〉
 지시하는 대상이 시·공간적으로 가까운 것이면 -ci를, 먼 것이면 -là를 명사 뒤에 덧붙일 수 있음(*ce garçon-**ci*** **이** 소년).

주의! 지시형용사를 쓰면 관사는 생략함. (O) cette école, (X) la cette école, (X) cette l'école

■ Exemple 1

Ce garçon est mon fils.

이/그/저 소년은 내 아들이다.

지시형용사 단순형은 문맥에 따라 '이', '그', '저'의 의미를 나타낼 수 있음.

■ Exemple 2

Cet enfant a beaucoup de qualités.

이/그/저 아이는 장점이 많다.

모음으로 시작하는 남성명사 enfant 앞에서 ce 대신 cet를 썼음.

■ Exemple 3

Je vais en Espagne **cet** hiver.

나는 올 겨울에 스페인에 간다.

cet hiver에서 지시형용사는 시간의 의미로 '올', '이번'을 뜻을 지님. 무음 h로 시작하는 명사(hiver) 앞이므로 ce 대신 cet를 썼음.

■ Exemple 4

Je préfère **cette** robe-**là**.

나는 저/그 원피스가 더 좋다.

Ce... -là의 복합형 형은 화자와 거리가 있는 대상을 가리킴.

■ **EXERCICE 1: ce, cet, cette, ces 중 알맞은 지시형용사를 채워 넣으시오.**

a) Attrape .... balle !
b) Regarde .... jolie fleur !
c) Mange .... gâteau !
d) Ouvre .... porte !
e) Range .... papiers !

■ **EXERCICE 2: ce, cet, cette, ces 중 알맞은 지시형용사를 채워 넣으시오.**

a) Claire apprend l'italien .... été.
b) .... maisons sont vraiment magnifiques !
c) .... petit carnet est bien utile.
d) .... nuit, je ferai un beau rêve.
e) Je veux .... tableaux !

■ **EXERCICE 3: 알맞은 지시형용사로 문장을 완성하시오.**

a) 오늘 저녁 나는 영화를 한 편 본다. → .... soir, je regarde un film.
b) 이 안경은 누구의 것입니까? → A qui sont .... lunettes ?
c) 그 여가수의 노래를 들읍시다. → Ecoutons .... chanteuse !
d) 너는 이 연습문제를 풀 수 있니? → Tu peux répondre à .... exercice ?
e) 그녀가 그 초등학생을 칭찬한다. → Elle fait l'éloge de .... élève.

■ **EXERCICE 4: 알맞은 지시형용사 복합형으로 문장을 완성하시오.**

a) 나는 (여기) 이 소설이 더 좋다. → Je préfère .... roman-.............
b) (저기) 저 책 좀 건네줄래? → Tu me passes .... livre-.......... ?
c) (저기) 저 원피스를 사라. → Achète .... robe-............ !
d) (저기) 저 양말들을 가져가라. → Prends .... chaussettes-......... !
e) 차라리 (여기) 이 책들을 읽어라. → Lis plutôt .... livres-.............. !

12 소유형용사 *mon, ma, mes...*

Règle

명사 앞에서 소유 개념을 나타냄. **소유자의 인칭과 수**, 그리고 뒤따라 나오는 **피소유물 명사의 성과 수**에 따라 다양한 형태를 보임: **남성-여성-복수**의 순으로, 나의 ***mon, ma, mes*** ; 너의 ***ton, ta, tes*** ; 그의 ***son, sa, ses*** ; 그녀의 ***son, sa, ses*** ; 우리의 ***notre, notre, nos*** ; 당신들의 ***votre, votre, vos*** ; 그들의 ***leur, leur, leurs*** ; 그녀들의 ***leur, leur, leurs***. 단, 모음이나 무음 h로 시작하는 여성명사 앞에서는 ma, ta, sa 대신 mon, ton, son을 씀 ((X)ma école → mon école).

주의! 소유형용사를 쓰면 관사는 생략함. (O) notre école, (X) la notre école, (X) notre l'école

주의! son이 반드시 '그의', sa가 반드시 '그녀의'의 의미를 나타내지는 않음. son과 sa의 차이는 뒤에 나오는 명사의 문법성의 차이일 뿐이며 son과 sa는 둘 다 '그의 또는 그녀의'의 뜻을 나타낼 수 있음. Leur 역시 '그들의' 또는 '그녀들의'의 뜻을 둘 다 표현할 수 있음.

■ Exemple 1

Ma grande sœur prend **mon** vélo.

누나/언니가 내 자전거를 탄다.

소유형용사는 뒤에 나오는 명사에 맞게 성·수일치해 줌. grande sœur가 여성단수이므로 '나의'라는 의미를 나타내려 할 때 소유형용사도 여성단수인 ma를 썼음. vélo는 남성단수이므로 그 앞의 소유형용사도 남성단수인 mon을 썼음.

■ Exemple 2

Mes amis aiment bien **sa** boutique.

내 친구들은 그의/그녀의 가게를 좋아한다.

소유형용사 sa는 여성단수명사 boutique와 성·수일치한 여성단수 형태임. 문맥에 따라 '그의'를 나타낼 수도, '그녀의'를 나타낼 수도 있음.

■ Exemple 3

Son étudiante habite près d'ici.

그의/그녀의 학생은 여기서 가까운 곳에 산다.

여성단수명사와 함께 쓰이는 소유형용사는 원래는 sa이지만, 여기서 여성단수명사 étudiante(여학생)이 모음으로 시작하므로 sa 대신 son을 써 주었음.

■ Exemple 4

Je cherche **leur** fille. 나는 그들의/그녀들의 딸을 찾고 있다.

단수명사 fille 앞에 단수 leur를 써 주어 '그들의/그녀들의 딸 한 명'을 찾는다는 뜻을 나타냄. 만일 '그들의/그녀들의 딸들'을 찾는다고 표현하려면, 복수명사 filles와 복수형 leurs를 써 줌(Je cherche leurs filles).

■ EXERCICE 1: **votre와 vos 중 알맞은 소유형용사를 채워 넣으시오**

a) Quel est .... nom ?
b) Quels sont .... souhaits ?
c) .... fils se disputent souvent ?
d) .... femme est grande ?
e) .... ordinateur marche bien ?

■ EXERCICE 2: **leur와 leurs 중 알맞은 소유형용사를 채워 넣으시오**

a) .... train arrive à l'heure.
b) .... voitures sont garées dans le jardin.
c) Ils vendent .... bateau.
d) Paul et Marie prennent .... parapluie.
e) Paul et Marie prennent .... parapluies.

■ EXERCICE 3: 괄호 안에 제시된 소유형용사를 알맞게 채워 넣으시오.

a) Tu vas où pendant .... vacances ? (너의)
b) .... coiffeur est en vacances. (너의)
c) .... université est connue. (너의)
d) .... maison est magnifique. (그들의)
e) Ils vont en Chine voir .... amis. (그들의)

■ EXERCICE 4: 괄호 안에 제시된 소유형용사를 알맞게 채워 넣으시오.

a) .... école est loin d'ici ? (너희들의)
b) .... voiture est toute neuve. (그녀들의)
c) .... usine est immense. (그녀의)
d) .... parapluie est rangé là-bas. (우리의)
e) Nous allons en Italie pour voir .... parents. (우리의)

13 의문/감탄형용사와 부정형용사

Règle

- 의문/감탄 형용사는 남성단수 **quel**, 여성단수 **quelle**, 남성복수 **quels**, 여성복수 **quelles**의 네 형태가 있음. 의문문에 쓰이면 '어떤' 또는 '무슨'의 의미를 나타내고, 감탄문에 쓰이면 놀라움, 경이로움, 분노 등의 다양한 감정을 표시함.
- 부정형용사에는 aucun(어떤 ...도), autre(또 다른), certain(어떤, 몇몇), chaque(-마다, 각각의), différents(여러 가지의), même(동일한), plusieurs(여러), quelques(몇몇의), tel(이/그/저러한), tout(모든) 등이 있음. 이중 불변하는 형용사 chaque는 단수형으로만, plusieurs는 복수형으로만 사용됨. certain과 même는 명사 앞뒤에 나올 수 있고 위치에 따라 의미가 달라짐. Aucun은 부정문에만 쓰이며, aucun이 나오는 부정문에서는 ne만 남고 pas는 생략됨.

■ Exemple 1

Quelle place voulez-vous ?

어떤 자리를 원하십니까?

Quelles sont vos préférences ?

무엇을 선호하십니까? (← 선호하는 것이 무엇입니까?)

quel은 명사 앞 부가형용사 자리에 나올 수도 있고 주어속사 자리에 나올 수도 있음.

■ Exemple 2

Quel scandale !

이 무슨 추문인가!

Quelle était ma surprise !

어찌나 놀랐던지! (← 나의 놀라움이란 어떠한 것이었던지!)

■ Exemple 3

Plusieurs étudiantes sont venues à la conférence.

여러 명의 여학생이 강연회에 왔다.

부정형용사 plusieurs는 늘 복수로 쓰이며 뒤에 나오는 명사의 성에 관계없이 동일한 형태를 지님.

■ Exemple 4

Dans un **certain** sens, il a raison.

어떤 의미에서는 그의 말이 옳다.

C'est une preuve **certaine**.

이것은 확실한 증거이다.

certain이 명사 앞에서는 부정형용사로서 '어떤'의 뜻을, 명사 뒤에서는 품질형용사로서 '확실한, 명백한'의 뜻을 지님.

■ **EXERCICE 1:** 알맞은 의문형용사를 채워 넣으시오.

a) .... jour partez-vous ? A .... heure ?
b) .... est votre avis sur le projet de réaménagement ?
c) A .... occasion tu la vois ?
d) .... sont vos objections ?
e) A .... station descendez-vous ?

■ **EXERCICE 2:** 알맞은 감탄형용사를 채워 넣으시오.

a) Benjamin ne comprend rien. .... idiot !
b) Regarde ce palace ! .... luxe !
c) Voilà l'actrice principale ! .... beauté !
d) .... belles voitures !
e) .... délicieux repas !

■ **EXERCICE 3:** 다음 중 알맞은 부정형용사로 문장을 완성하시오.

aucun(e)(s), autre(s), certain(e)(s), chaque, différent(e)s, même(s), plusieurs, quelque(s), tel(le)(s), tout(e)/tous/toutes

a) Je n'ai .... raison d'y aller.
b) Elle est choquée par une .... conduite.
c) Un .... journaliste veut me voir.
d) Il manque encore un billet. Va acheter un .... billet !
e) Tu aimes .... ces livres ?

■ **EXERCICE 4:** 다음 중 알맞은 부정형용사로 문장을 완성하시오.

aucun(e)(s), autre(s), certain(e)(s), chaque, différent(e)s, même(s), plusieurs, quelque(s), tel(le)(s), tout(e)/tous/toutes

a) Avez-vous .... secondes à m'accorder ?
b) .... dimanche, il va se promener dans le parc.
c) .... les dimanches, il va se promener dans le parc.
d) .... mes filles sont musiciennes.
e) Vous avez besoin d'une seule place ou de .... places ?

14 수형용사

Règle

• 〈기수사〉

1부터 16까지의 기수사는 un(e), deux, trois, quatre, cinq, six, sept, huit, neuf, dix, onze, douze, treize, quatorze, quinze, seize ; 17, 18, 19는 각각 '10 + 7/8/9'로서 dix-sept, dix-huit, dix-neuf이고, 20은 vingt, 21 vingt-et-un(e), 22 vingt-deux, 23 vingt-trois... 30 trente, 40 quarante, 50 cinquante, 60 soixante ; 70은 60 + 10(soixante-dix)으로 60으로부터 만들며, 80은 4X20(quatre-vingts)으로 20으로부터 만듦. 90은 80 + 10(quatre-vingt-dix)으로 80으로부터 만듦. 100은 cent, 1.000은 mille, 10.000은 dix-mille. 문맥에 따라 기수사만 단독으로 쓰기도 하고, 기수사 앞에 정관사, 소유형용사, 지시형용사를 써 주기도 함.

주의! vingt(20)과 cent(100)은 배수로 되면 복수형 -s를 붙이나 뒤에 다른 수형용사가 붙어 21, 22, ...101, 102... 등이 되면 -s를 붙이지 않음. quatre-**vingts**(80)이지만 quatre-**vingt**-trois(83)임.

주의! 백만 'million'과 억 'milliard' 뒤에는 de + 명사를 써 줌(deux milliards **d'**euros) ; 수사 'un'이 포함된 숫자는 뒤에 나오는 명사의 성과 일치시켜 줌(trente-et-un**e** chaises) ; 수사 뒤에 생략된 명사는 흔히 중성대명사 en으로 받음(Des verres, il y **en** a **dix**) ; huit(8)과 onze(11) 앞에서는 모음 생략(élision)을 하지 않음(**le** huit mai, **le** onze mai).

• 〈서수사〉

'첫 번째(premier/première)'를 제외하고는 **기수사에 -ième를 붙여 형성**함(trois**ième**). 일반적으로 정관사와 함께 사용됨. '분자/분모'로 된 분수를 표시할 때 2 이상의 분자에는 기수사를, 분모에는 서수사를 써 줌(4/7 = 기수사/서수사 → quatre septième**s**).

■ Exemple 1

As-tu déjà lu « Les **Mille et Une** Nuits » ? 너는 천일야화를 벌써 읽었니?

1001에서 1(un)이 뒤의 여성명사 nuit와 여성형으로 일치하여 une이 되었음.

■ Exemple 2

Soixante-et-onze personnes ont voté oui. 71명이 찬성표를 던졌다.

71은 60(soixante) + 11(onze)로 만듦.

■ Exemple 3

Combien de bouteilles avez-vous ? – J'**en** ai **trois**.

병을 몇 개 갖고 있습니까? – 세 개 갖고 있습니다.

J'ai trois bouteilles에서 명사 bouteilles가 생략되고 이를 중성대명사 en으로 받아 J'en ai trois가 되었음.

■ Exemple 4

C'est **la première** fois que Paul monte dans un hélicoptère.

뽈은 처음으로 헬리콥터를 타는 것이다.

■ **EXERCICE 1:** 괄호 안의 숫자를 알맞은 프랑스어 수사로 적어 넣으시오.

a) Combien de revues as-tu lues ? – J'en ai lu .... (5)
b) As-tu fini de lire le....................... chapitre ? (1er)
c) Nous sommes le .... février. (21)
d) Jeanne, c'est déjà la .... personne qui dit cela. (4e)
e) Combien de maisons construisent-ils ?
– Ils construisent .... maisons. (21)

■ **EXERCICE 2 : trois**와 **les trois** 중 알맞은 표현을 채워 넣으시오.

a) Vous préférez la rouge, la noire ou la blanche ?
– J'aime bien ....
b) .... de mes amis ont déménagé à Paris.
c) Vos recettes ont l'air à la fois délicieuses et accessibles.
Je vais en essayer ....
d) Laquelle de ces trois chaises devons-nous prendre ?
– .... me paraissent adaptées. Prends n'importe laquelle !
e) Plusieurs étudiants ont été absents aux examens.
.... d'entre eux sont autorisés à passer les rattrapages.

■ **EXERCICE 3 :** 이탤릭체 부분을 중성대명사 **en**으로 받아 문장을 다시 쓰시오.

a) Ils ont visité dix *appartements*. → Ils en ....
b) Ils ont eu six *enfants*. → Ils en ....
c) Nous avons acheté trois *avocats*. → Nous en ....
d) Vous avez eu douze *jours de congé*. → Vous en ....
e) Elles ont lu cinq *romans*. → Elles en ....

■ **EXERCICE 4 :** 괄호 안의 숫자를 알맞은 프랑스어 수사로 적어 넣으시오.

a) Ce monument est repeint tous les .... ans. (6)
b) Cette société emploie .... salariés. (450)
c) .... scientifiques ont participé au projet. (80)
d) Ma grand-mère fête ses .... ans cette année.(99)
e) Ce site reçoit .... de visiteurs chaque année. (6 000 000)

15 비교급과 최상급

Règle

- 〈형용사와 부사의 비교급〉
  plus + Adj/Adv + que의 형태가 우등비교(~보다 더 ~하다) 구문이고, 여기서 plus를 aussi로 대체하면 동등비교(~만큼 ~하다) 구문이, moins으로 대체하면 열등비교(~보다 덜 ~하다) 구문이 됨.
- 〈동사의 비교급〉
  주어 + **V** + **plus que**의 형태가 우등비교 구문이고, 여기서 plus que를 autant que로 대체하면 동등비교 구문이, moins que로 대체하면 열등비교 구문이 됨.
- 〈명사의 비교급〉
  plus de + N + que의 형태가 우등비교 구문이고, 여기서 plus de를 autant de로 대체하면 동등비교 구문이, moins de로 대체하면 열등비교 구문이 됨. de 다음의 명사가 구상 개체명사이면 무관사 복수명사로 써 주고(*plus d'**amis***) 추상명사 또는 물질명사이면 단수로 써 줌(*plus d'**énergie***). 비교급 구문에서 비교의 대상을 나타내는 que~ 이하는 종종 생략되곤 함.
- 〈최상급〉
  최상급 구문은 우등 또는 열등 비교구문에 정관사를 추가하여 만들 수 있음(***le** plus gentil*). bon과 같은 일부 형용사나 bien과 같은 일부 부사는 비교급과 최상급 구문에서 각각 meilleur/le meilleur와 mieux/le mieux와 같이 특수형태를 취함.

■ Exemple 1

Vincent est **plus grand que** son père, mais **moins grand que** son frère.
뱅쌍은 자기 아버지보다는 키가 크지만 동생보다는 작다.
형용사의 비교급 구문.

■ Exemple 2

Vincent cuisine **autant que** Jeanne. En plus, il cuisine **aussi divinement qu**'elle.
뱅쌍은 잔느만큼 요리를 한다. 게다가 그는 그녀만큼이나 맛있게 요리를 한다.
각각 동사(cuisiner)와 부사(divinement)의 비교급 구문.

■ Exemple 3

Vincent a **autant de patience que** Marie. 뱅쌍은 마리만큼 인내심을 지녔다.
명사의 비교급 구문.

■ Exemple 4

Cet exercice est **le plus compliqué** de tous les exercices.
이 문제는 연습문제 중에서 가장 어려운 것이다.
형용사 compliqué의 최상급 구문.

■ **EXERCICE 1:** 괄호 안에 주어진 지시에 따라 비교급 문장을 완성하시오.

a) Fréderic est .... son frère. (grand ; +)
b) Elle est .... sa mère. (élégant ; =)
c) Emma travaille .... son frère. (passionnément ; +)
d) Il boit .... ses collègues. (-)
e) Il voyage .... ses prédécesseurs. (=)

■ **EXERCICE 2:** 괄호 안에 주어진 지시에 따라 비교급 문장을 완성하시오.

a) Manon a .... temps qu'elle souhaite. (=)
b) Pierre fait .... effort que Sébastien. (-)
c) Je fais .... sport que mes amis. (+)
d) Il a .... cours que moi cette année. (=)
e) Juliette a .... robes que .... pantalons. (=)

■ **EXERCICE 3:** 괄호 안에 주어진 지시에 따라 비교급 문장을 완성하시오.

a) Vincent travaille .... l'an dernier. (bien ; +)
b) Cette candidate est .... la précédente. (bon ; +)
c) Le bleu te va bien, mais l'orange te va encore .... (bien ; +)
d) Cette tarte est .... la tienne. (bon ; -)
e) Jonathan est .... son père ! (mauvais ; +)

■ **EXERCICE 4:** 괄호 안에 주어진 지시에 따라 최상급 문장을 완성하시오.

a) Manon est .... (brillant ; +)
b) Ce trajet est .... (cher ; -)
c) L'avenue des Champs-Élysées est .... avenue du monde. (beau ; +)
d) Vincent est .... élève de sa classe. (bon ; +)
e) C'est elle qui chante .... parmi toutes les filles. (bien ; +)

16 주어인칭대명사 *je, tu, il, elle...*

Règle

- 주어인칭대명사는 **je**(나는, 내가), **tu**(너는, 네가), **il**(그는/가, 그것은/이), **elle**(그녀는/가, 그것은/이), **nous**(우리는/가), **vous**(너희는/가), **ils**(그들은/이, 그것들은/이)/**elles**(그녀들은/이, 그것들은/이)가 있으며, 대화자가 이미 알고 있거나 바로 앞에 나왔던 사람, 동물, 사물, 사건, 개념 등을 받음. 모음이나 무음 h로 시작하는 동사 앞에서는 **je** 대신 **j'**를 씀. **tu**는 친밀한 사이인 가족, 친구, 동료 사이에서 사용함. **vous**는 tu(너)의 복수인 '너희들'을 나타내거나, 존칭 단수형으로서 '당신/선생님...', 혹은 존칭 복수형으로서 '당신들/선생님들...'을 나타낼 수 있음. **il** 은 비인칭 구문에서 비인칭 주어로 쓰일 수도 있음.

주의! 한국어에서 '그(들)/그녀(들)'은 사람만 받는 반면, 프랑스어의 3인칭 대명사 'il(s)/elle(s)'은 사람뿐 아니라 사물이나 사건, 개념 등도 받음.

- 주어 on은 의미상 '일반적인 사람들(les gens)'을 나타내기도 하고 특정한 사람인 nous, vous, tu 등을 대신하기도 함. 후자의 경우 동사는 항상 3인칭단수로 성·수일치하나, on에 걸리는 속사형용사(attribut)는 주어가 의미하는 바(nous, tu, vous...)에 따라 다양하게 성·수일치함.

Exemple 1

Mon collègue et moi, **nous** venons d'arriver.

저와 제 동료는 방금 도착했습니다.

moi(나)가 속한 집단은 항상 대명사 nous로 받아 줌.

Exemple 2

Bernard aime les grandes voitures. **Elles** sont très chères.

베르나르는 큰 차를 좋아한다. **그것들은** 매우 비싸다.

Elles은 사물인 'les grandes voitures(큰 차)'를 받았음.

Exemple 3

Il pleut beaucoup. **Il** faut prendre un grand parapluie.

비가 많이 내린다. 큰 우산을 가져가야 한다.

비인칭주어 Il이 각각 날씨를 표현하는 구문과 Il faut~(~해야 한다) 구문에서 비인칭 주어로 쓰였음. 두 경우 모두 Il은 의미상 제로임.

Exemple 4

On est souvent idiot quand **on** est jeune.

젊었을 때 사람들은 종종 어리석다.

여기서 on은 특정치 않은 '막연한 일반적인 사람들'을 의미함. 이 경우 동사(est)와 형용사(idiot, jeune)는 모두 3인칭단수로 성·수일치함.

■ **EXERCICE 1: Je나 J' 중 알맞은 형태를 쓰시오.**

a) .... suis Français.
b) .... ai 21 ans.
c) .... habite à Paris.
d) .... joue au football le dimanche.
e) .... adore le sport!

■ **EXERCICE 2: 알맞은 주어인칭대명사를 채워 넣어 문장을 완성하시오.**

a) Marie et Claire sont prêtes. .... partent pour Londres dans cinq minutes.
b) Un vieux monsieur joue avec sa petite fille. .... sont attendrissants.
c) Jean-Claude, ... n'as pas faim ?
d) Pierre et moi, ... nous installons à Barcelone.
e) .... est important de se reposer suffisamment.

■ **EXERCICE 3: 알맞은 주어인칭대명사를 채워 넣어 문장을 완성하시오.**

a) Paul épluche les bananes, mais .... sont trop mures !
b) Regarde ces gros arbres. .... sont beaux !
c) Regarde cette voiture de sport. Comme .... est belle !
d) J'adore ces bottes. .... sont parfaites pour aller marcher.
e) Cette table en bois, ... me convient bien.

■ **EXERCICE 4: On이 일반적 사람을 가리키는지 특정한 사람을 가리키는지(누구를 가리키는지) 적으시오.**

a) On lui a volé son sac. Elle n'a plus de pièce d'identité. (............................)
b) Vincent et moi, on sait bien que vous avez entièrement raison. (.............)
c) Cet été, tu fais quoi ? On peut faire un voyage ensemble ? (....................)
d) On dit que le Premier ministre s'adresse aux médias cet après-midi. (.............................)
e) On est vraiment désolées ! (.............................)

17 직접목적보어 대명사 *me, te, le, la...*

Règle

직접목적보어(직·목) 대명사 **me**(나를), **te**(너를), **le**(그를, 그것을), **la**(그녀를, 그것을), **nous**(우리를), **vous**(너희를, 당신을, 당신들을), **les**(그들을, 그녀들을, 그것들을) 중에서 1. 2인칭 대명사는 사람을 받으며, 3인칭인 le, la, les는 바로 앞에 나왔거나 대화자가 이미 알고 있는 사람, 동물, 사물, 사건, 개념 등을 대신하여 받을 수 있음. 직·목 대명사는 긍정명령문을 제외하면 동사 앞에 놓임. 모음이나 무음 h로 시작하는 동사 앞에서는 me, te, le, la의 마지막 모음이 탈락하여 각각m', t' l'로 변함(*Elle **t'**appelle*).

주의! 직·목이 항상 한국어의 '–을/를'로 해석되지는 않음(*Je **la** salue.* 나는 그녀**에게** 인사한다).

주의! 부정문을 만들 때 부정의 ne와 pas는 각각 '직·목+동사' 연쇄체의 앞뒤를 감싸 줌(*Je ne **le connais** pas*).

▪ Exemple 1

François **la** cherche.

프랑수와가 그녀를/그것을 찾아요.

3인칭 직접목적보어 대명사 la를 동사 앞에 써 주었고 이때 la는 문맥에 따라 '그녀를' 또는 '그것을'을 나타낼 수 있음. 동사의 직·목이 대명사가 아닐 경우는 일반 어순에 따라 동사 뒤에 써 줌(François cherche **sa fille/la clé**).

▪ Exemple 2

François **t'**adore.

프랑수와는 널 좋아해.

모음으로 시작하는 동사 adorer 앞에서 직·목 te가 t'로 되었고 뒤의 동사와 붙여 썼음(t'adore).

▪ Exemple 3

Sa mère **l'**habille chaudement.

그의/그녀의 어머니는 그에게/그녀에게 따뜻하게 옷을 입힌다.

무음 h로 시작하는 habiller 동사 앞에서 직·목 le/la가 l'로 되었고 뒤의 동사와 붙여 썼음(l'habille).

▪ Exemple 4

Bernard ne **les dessine** pas.

베르나르가 그(녀)들을/그것들을 그리지 않는다.

'직·목+동사' 연속체인 'les dessine'는 분리할 수 없는 하나의 단위가 되므로 부정의 ne와 pas가 각각 앞뒤를 감싸 주었음. 이 문장에서 les는 문맥에 따라 사람(그들, 그녀들)을 의미할 수도 있고 사물(그것들)을 의미할 수도 있음.

■ **EXERCICE 1:** 알맞은 직·목 인칭대명사를 채워 넣으시오.

a) Tiens, Julie est là ! Tu .... vois ?
b) Tiens, tes parents sont là ! Tu .... vois ?
c) Tiens, ton mari est là ! Tu .... vois ?
d) Tiens, tes sœurs sont là ! Tu .... vois ?
e) Tiens, ta cousine est là ! Tu .... vois ?

■ **EXERCICE 2:** 알맞은 직·목 인칭대명사를 채워 넣으시오.

a) Ton frère, je .... connais bien.
b) Ton fantasme, je .... connais bien.
b) Cette ville, je .... connais bien.
b) Tes collègues, je .... connais bien.
b) Son histoire, je .... connais bien.

■ **EXERCICE 3:** 이탤릭체 부분을 알맞은 직·목 인칭대명사로 받아 문장을 완성하시오.

a) Je cherche *Marie.* → Je .... cherche.
b) Je cherche *le bureau de Marie.* → Je .... cherche.
c) Yves rencontre *la sœur de Paul.* → Yves..................... rencontre.
d) Yves rencontre *Paul* ce soir. → Yves.................. rencontre ce soir.
e) Aude habille *sa fille.* → Aude..................... habille.

■ **EXERCICE 4:** 이탤릭체 부분을 알맞은 직·목 인칭대명사로 받아 문장을 완성하시오.

a) Bernard invite *Paul* chez lui. → Bernard .... invite chez lui.
b) Bernard invite *la sœur de Paul* chez lui. → Bernard .... invite chez lui.
c) Bernard invite *Paul et sa femme* chez lui. → Bernard .... invite chez lui.
d) Bernard invite *Paul et moi* chez lui. → Bernard .... invite chez lui.
e) Bernard invite *vos enfants et vous* chez lui. → Bernard .... invite chez lui.

18 간접목적보어 대명사 *me, te, lui...*

Règle

간접목적보어(간·목) 대명사 **me**(나에게), **te**(너에게), **lui**(그에게, 그녀에게), **nous**(우리에게), **vous**(너희에게, 당신에게, 당신들에게), **leur**(그들에게, 그녀들에게)는 동사의 간·목 부분을 대명사로 받을 때 씀. 일반적으로 'à + 명사'를 대신 받으며, 긍정명령문을 제외하면 동사 앞에 놓임.

주의! 간·목이 항상 한국어의 '-에게'로 해석되지는 않음(*Paul **me** frappe dans le dos.* 뽈은 **나의** 등을 친다).

- lui는 '그에게'나 '그녀에게'의 의미를 둘 다 나타낼 수 있고, leur도 '그들에게'나 '그녀들에게'의 의미를 둘 다 나타낼 수 있음.
- me, te, nous, vous는 직·목과 간·목의 형태가 동일하므로 동사를 살펴보아 직·목인지 간·목인지 알 수 있음(*Il **vous** regarde* → regarder qqn, 따라서 vous는 직·목 ; *Il **vous** parle* → parler à qqn, 따라서 vous는 간·목).
- 모음탈락 및 부정문을 만드는 규칙은 직·목과 동일함.

■ Exemple 1

Laurent **lui** parle de la conférence.

로랑은 **그에게/그녀에게** 강연회에 대해 이야기한다.

간·목 대명사 lui는 문맥에 따라 '그에게'나 '그녀에게'의 의미를 나타낼 수 있음.

■ Exemple 2

Elle **nous** aime. Elle **nous** donne beaucoup d'amour.

그녀는 우리를 사랑한다. 그녀는 우리에게 많은 사랑을 준다.

nous는 직·목과 간·목의 형태가 동일하므로 의미상 nous가 걸리는 동사를 보아 직·목인지 간·목인지 알 수 있음(aimer qqn, 따라서 첫 번째 nous는 직·목 ; donner à qqn, 따라서 두 번째 nous는 간·목).

■ Exemple 3

Paul donne trop de bonbons aux enfants. Moi, je ne **leur donne** pas de sucrerie.

뽈은 아이들에게 사탕을 너무 많이 준다. 나는 그들에게 단 것을 주지 않는다.

간·목은 동사와 함께 하나의 연속체(leur donne)를 형성함. ne와 pas는 이 확장된 '간·목 + 동사' 연속체를 앞뒤로 감싸 줌(**ne** leur donne **pas**).

■ Exemple 4

Regarde-**moi** ! Et parle-**moi** !

나를 쳐다봐라. 그리고 내게 말해봐라.

긍정명령문은 직·목 대명사나 간·목 대명사가 동사 뒤에 놓이는 유일한 맥락임. 또한, 직·목/간·목의 me와 te는 명령문에서 각각 강세형 moi와 toi로 대체됨. 예문에서 첫 번째 moi는 직·목의 me를 (← regarder qqn), 두 번째 moi는 간·목의 me를(← parler à qqn) 대체하였음.

- **EXERCICE 1:** 이탤릭체 부분을 알맞은 간·목 인칭대명사로 받아 문장을 완성하시오.

a) J'écris *au maire.* → Je .... écris.
b) J'envoie un courrier *à mes parents.* → Je .... envoie un courrier.
c) Il envoie un courrier *à ses parents.* → Il .... envoie un courrier.
d) Je donne mon livre *à Emma.* → Je .... donne mon livre.
e) Il vend des écharpes *aux touristes.* → Il .... vend des écharpes.

- **EXERCICE 2:** 이탤릭체 부분을 알맞은 간·목 인칭대명사로 받아 문장을 완성하시오.

a) Il fait confiance *à Vincent et à moi.* → Il .... fait confiance.
b) Elle confie un secret *à son fiancé.* → Elle .... confie un secret.
c) Il offre une bague *à sa fiancée.* → Il .... offre une bague.
d) Il permet *à ses étudiants* de sortir. → Il .... permet de sortir.
e) Je téléphone *à Sophie, à Yves et à toi* ? → Je .... téléphone ?

- **EXERCICE 3:** 인칭대명사가 간·목인지 진·목인지 동사를 보고 판단하시오.

a) Jean t'inquiète ? (.........................)
b) Jean te raconte la même histoire ? (..........................)
c) Jean nous appelle ce soir ? (..........................)
d) Jean nous téléphone ce soir ? (..........................)
e) Jean vous paraît fatigué ? (..........................)

- **EXERCICE 4:** 알맞은 강세형 대명사로 문장을 완성하시오.

a) Tu me tapotes dans le dos ? → Tapote- .... dans le dos !
b) Tu m'attrapes ? → Attrape- .... !
c) Tu l'attrapes par le bras ? → Attrape- .... par le bras !
d) Tu te regardes dans le miroir ? → Regarde- .... dans le miroir !
e) Tu les préviens ? → Préviens- .... !

19 강세형 대명사 *moi, toi, lui, elle...*

Règle

- 강세형 대명사 **moi, toi, lui, elle, nous, vous, eux, elles**은 **문장의 주어나 목적보어를 강조**하거나 문장 내 같은 기능을 지닌 두 요소를 **대조적으로 제시**할 때 쓰임.
  lui-même, lui aussi 같은 일부 표현에서 쓰이고, ne....que 구문의 **que 다음에**, 비교급 구문의 **que 다음에**, c'est... qui/que 강조구문의 **c'est 다음에**, 그리고 **모든 전치사 뒤와 접속사 et 뒤**에서도 강세형을 써 줌.
- 긍정명령문에서 직·목, 간·목의 me와 te는 각각 강세형 moi와 toi로 대체됨.
- 그 밖에도 ce의 강세형인 ça와 que의 강세형인 quoi도 있음.

■ Exemple 1

Toi, tu es complètement fou !

너, 넌 완전히 돌았구나!

강세형 toi가 문장의 주어 tu를 강조함.

■ Exemple 2

Eux, je ne les apprécie pas, mais **lui**, je l'apprécie.

나는 그들은 좋아하지 않지만 그는 좋아한다.

eux와 lui가 각각 les(그들)과 l'(그)에 걸리며 대조적인 의미를 나타냄.

■ Exemple 3

C'est **lui** qui vient ce soir.

바로 그가 오늘 저녁에 온다(←오늘 저녁에 오는 사람은 바로 그이다).

C'est... qui ~ 강조구문에서 C'est와 qui 사이에는 강세형 대명사를 써 줌.

■ Exemple 4

Elle veut vivre avec **lui**.

그녀는 그와 살고 싶어한다.

전치사 avec 뒤에서 강세형 lui가 쓰였음. 모든 전치사 뒤에서는 강세형 대명사를 써 줌.

■ **EXERCICE 1:** 괄호 안에 제시된 강세형 대명사로 질문에 답하시오.

a) Qui est là ? - .... ! (그들)
b) Qui a soif ? - .... ! (나)
c) Qui a peur ? - .... ! (너)
d) Qui va aux Etats-Unis ? - .... ! (우리들)
e) Qui est content ? - .... ! (그)

■ **EXERCICE 2:** 이탤릭체 부분을 받는 알맞은 강세형 대명사를 채워 넣으시오.

a) Charles pense à *sa femme*. → Charles pense à ....
b) Charles pense à *ses filles*. → Charles pense à ....
c) Charles pense à *son père*. → Charles pense à ....
d) Charles pense à *ses collègues*. → Charles pense à ....
e) Charles pense à *moi* et à *ma famille*. → Charles pense à ....

■ **EXERCICE 3:** 이탤릭체 부분을 받는 알맞은 강세형 대명사로 문장을 완성하시오.

a) François n'aime que *Catherine*. → François n'aime qu' ....
b) C'est *Charles* qui vient. → C'est .... qui vient.
c) C'est *Paul et Charlotte* qui viennent. → C'est .... qui viennent.
d) Ils ne partent pas sans *leurs fils*. → Ils ne partent pas sans ....
e) C'est *Marie* qu'il veut ! → C'est .... qu'il veut !

■ **EXERCICE 4:** 주어, 직·목, 간·목, 강세형 대명사 중 알맞은 대명사로 문장을 완성하시오.

a) Tu me parles, à ....?
b) Tu .... aimes, moi ?
c) Moi, ... parle quatre langues.
d) Nous, nous aimons la campagne, mais ...., vous préférez la ville.
e) Voici un couple de sportifs. ...., il est joueur de tennis et ...., elle est nageuse.

20 중성대명사 *y, en, le*

Règle

y, en, le 의 세 종류가 있음. 중성대명사 **y**는 일반적으로 'à + X (X = 명사구, 대명사, 부정법)을 대신 받으며, '그곳에(서)', '그것에 대해' 등의 의미를 나타냄 ; **en**은 일반적으로 'de + X (X = 명사구, 대명사, 부정법)을 대신하며, '그곳으로부터', '그것에 대해' 등의 의미를 나타냄 ; **le**는 주로 'être 동사류(être, devenir...)'의 속사로 나온 무관사 명사, 형용사, 과거분사 등을 대신 받으며, vouloir, pouvoir, penser, croire와 같은 동사의 보어절(=que절 또는 부정법절)도 대신함. '그러한', '그것을', '그렇게' 등의 의미를 나타냄. 중성대명사는 긍정명령문을 제외하고는 늘 동사 앞에 나옴.

▪ Exemple 1

Je veux vivre **à New York**. Oui, je veux vraiment **y** vivre.

나는 뉴욕에서 살고 싶어요. 그래요, 나는 정말 그곳에서 살고 싶어요.

à New York을 '장소'의 중성대명사 y(그곳에서)로 받고 의미상 y가 걸리는 동사인 vivre(살다) 바로 앞에 써 줌.

▪ Exemple 2

Je pense **à mon prochain voyage**. En fait, j'**y** pense sans arrêt en ce moment.

저는 다음 번 여행에 대해 생각합니다. 사실 요즘 그것에 대해 계속 생각합니다.

penser 동사의 간접목적보어인 'à mon prochain voyage'는 사람을 가리키지 않는 '비사람' 명사구로서 'à mon prochain voyage' 전체를 중성대명사 y로 받음.

주의! penser 동사의 간접목적보어가 사람명사일 경우 중성대명사로 받지 않고 '전치사 + 강세형'을 써 줌(Je pense **à mon cousin**. → Je pense **à lui**.)

▪ Exemple 3

Elle est entrée dans cette école. J'**en** suis fier.

그녀는 그 학교에 입학했다. 나는 그것이(←그것에 대해) 자랑스럽다.

형용사 fier(자랑스러운)에 걸리는 간접목적보어('de + X')를 의미상 재구성한다면, '그녀가 그 학교에 입학한 것(de son admission dans cette école 또는 du fait qu'elle soit entrée dans cette école로서 'de + 명사구(비사람 명사구)'이므로 중성대명사 en으로 받았음.

주의! 여기서 en이 나올 수 있는 것은 근본적으로 형용사 fier가 de를 선택하는 형용사이기 때문임.

▪ Exemple 4

Elle croit **que Paul va réussir**. Je **le** crois aussi.

그녀는 뽈이 성공할 것이라 믿는다. 나도 그럴 것이라(←그것을) 믿는다.

여기서 중성대명사 le는 croire동사의 보어인 que절 '뽈이 성공할 것(que Paul va réussir)'을 받음.

■ **EXERCICE 1:** 이탤릭체 부분을 알맞은 중성대명사로 받아 문장을 완성하시오.

a) On reste *à Nice* encore deux jours ? → On .... reste encore deux jours ?
b) Tu parles souvent *de cette aventure* ? → Tu .... parles souvent ?
c) On se retrouve *place de l'Opéra* à 13h ? → On se .... retrouve à 13h ?
d) Vous déjeunez souvent *chez vous* ? → Vous .... déjeunez souvent ?
e) Vous partez *de Monaco* à midi ? → Vous .... partez à midi ?

■ **EXERCICE 2:** 이탤릭체 부분을 알맞은 중성대명사로 받아 문장을 완성하시오.

a) Il est content *de ce cadeau.* → Il .... est content.
b) Elle est fière *de ses bonnes notes.* → Elle .... est fière.
c) Tu penses *à ta promesse* ? → Tu .... penses ?
d) Elle peut faire *ce travail* ? → Elle peut .... faire ?
e) J'ai besoin *de tes compliments.* → J'..................... ai besoin.

■ **EXERCICE 3: y, en, le** 중 알맞은 중성대명사를 채워 넣으시오.

a) Marie s'................. moque.
b) Paul m'................. conduit tout de suite.
c) Il ne faut pas .... faire allusion.
d) Elle .... dit fièrement.
e) Nous .... sommes surprises.

■ **EXERCICE 4: y, en, le** 중 알맞은 중성대명사를 채워 넣으시오.

a) Je m'................. veux !
b) Fais cet exercice, si tu .... peux !
c) Je m'................. vais maintenant !
d) Je m'................. réjouis.
e) Optimiste, je .... suis !

21 대명사의 상대적 위치

Règle

직·목, 간·목, 중성 대명사 및 동사의 상대적 위치:

(B)

주어 + (ne) + **me/te/nous/vous/se + le/la/les + lui/leur** + y+en+동사+(pas)

(A)

(A)의 어순: 간·목 1·2인칭 + 직·목 3인칭(*Paul **me le** donne. Paul **nous la** montre*)
(B)의 어순: 직·목 3인칭 + 간·목 3인칭(*Marie **le lui** offre. Marie **les leur** prête*)
동사 앞에 나오는 직·목, 간·목, 중성 대명사는 바로 뒤에 나오는 동사와 하나의 더 큰 단위를 형성하므로 부정문에서 ne ~ pas는 각각 이 새로운 단위의 앞뒤에 놓임.

주의! 긍정 명령문에서는 보어인칭대명사와 중성대명사가 예외적으로 동사 뒤에 나옴(*Parle-**moi**! Pensez-**y** ! Prends-**en** !*)

주의! 직·목, 간·목 중성 대명사는 의미상 걸리는 동사의 바로 앞에 써 줌(*Je **les** vois*). 단, 조동사(être와 avoir)가 나오는 문장에서는 대명사를 의미상 걸리는 과거분사 앞이 아닌 조동사 앞에 써 주어야 함(*Je **les** ai vus*).

▪ Exemple 1

Voici la clé du bâtiment. Paul **me la** confie. 이게 건물의 열쇠다. 뽈은 나에게 그것을 맡긴다.

간·목이 1인칭 대명사 me이고 직·목이 3인칭대명사 la이므로 (A)의 어순에 따라 간·목 + 직·목의 순서로 동사 앞에 놓았음.

▪ Exemple 2

Paul ne **la lui** offre pas. 뽈은 그것을 그녀에게 주지 않는다.

동사 앞에 놓인 '직·목 + 간·목 + 동사'의 연속체는 함께 하나의 단위를 형성하므로 부정문의 ne와 pas는 'la lui offre'의 연속체를 앞뒤에서 감싸 줌.

▪ Exemple 3

Je souhaite rencontrer cette femme. Je souhaite vraiment **la** rencontrer.

나는 그 여인을 만나고 싶습니다. 정말로 **그녀를** 만나고 싶어요.

cette femme(그 여인)을 대명사 la(그녀)로 받아 의미상 대명사가 걸리는 동사인 rencontrer(만나다) 바로 앞에 써 줌.

▪ Exemple 4

Paul s'occupe bien de la ferme. Mais sa sœur **s'en** occupe mieux.

뽈은 농장을 잘 관리한다. 하지만 그의 누이가 그것을 더 잘 관리한다.

대명사 간 어순 규칙에 따라 재귀대명사(se) + 중성대명사(en)의 순서이며 se와 en이 축약하여 s'en의 형태로 써 주었음.

- **EXERCICE 1:** 이탤릭체 부분을 알맞은 직·목이나 간·목 대명사로 받아 문장을 완성하시오.

a) Paul montre *les photos à ses parents.* → Paul .... montre.
b) Paul raconte *une histoire à Elise.* → Paul .... raconte.
c) Paul nous donne *l'adresse de Sylvie.* → Paul .... donne.
d) Paul me montre *ses photos.* → Paul .... montre.
e) Paul vous transmet *ses amitiés.* → Paul .... transmet.

- **EXERCICE 2:** 이탤릭체 부분을 알맞은 직·목, 간·목, 중성 대명사로 받아 문장을 완성하시오.

a) Tu te souviens *de ta promesse* ? → Tu t'.......................... souviens ?
b) Je souhaite vivement aller *en Italie.* → Je souhaite vivement .... aller.
c) Je souhaite vivement *aller en Italie.* → Je .... souhaite vivement.
d) Il faut raconter *cette histoire.* → Il faut .... raconter.
e) Il faut *raconter cette histoire.* → Il .... faut.

- **EXERCICE 3:** 이탤릭체 부분을 알맞은 직·목, 간·목, 중성 대명사로 받아 문장을 완성하시오.

a) Tu te plais bien *dans ton nouveau logement* ? → Tu .... plais bien ?
b) Vous vous intéressez *à l'écologie* ? → Vous .... intéressez ?
c) On ne se promène pas *au parc* ? → On ne .... promène pas ?
d) Tu ne veux pas me conduire *à la gare*? → Tu ne veux pas .... conduire ?
e) Tu ramènes *mes enfants à Londres* ? → Tu .... ramènes?

- **EXERCICE 4:** 이탤릭체 부분을 대명사로 바꾸고 문장을 부정문으로 만들어 다시 쓰시오.

a) Vous me donnez *ce livre.* → ....
b) Il offre *les cadeaux aux invités.* → ....
c) Je me rends *à Londres.* → ....
d) J'envoie *le courrier à mes parents.* → ....

22 소유대명사 *le mien, la mienne...*

Règle

의미상 '소유형용사 + 명사'를 받는 대명사로 사람이나 사물, 개념 등을 대신 할 수 있음. 나의 것 **le mien, la mienne, les miens, les miennes** ; 너의 것 **le tien, la tienne, les tiens, les tiennes** ; 그의 것, 그녀의 것 **le sien, la sienne, les siens, les siennes** ; 우리의 것 **le nôtre, la nôtre, les nôtres** ; 당신(들)의 것 **le vôtre, la vôtre, les vôtres** ; 그들의 것, 그녀들의 것 **le leur, la leur, les leurs**가 있으며 앞에 이미 언급된 피소유물의 성과 수에 따라 이 중 알맞은 형태를 써 줌(*Ta voiture est française. **La mienne**(=ma voiture) est allemande.* 너의 차는 프랑스산이다. 내 것은 독일산이다.)
소유대명사 남성복수형은 앞에 나오는 명사를 따로 받지 않고 가족, 친척, 친구 등의 의미를 나타낼 수 있음(*Mes amitiés **aux vôtres**.* 가족들께 안부 전해 주십시오).

▪ Exemple 1

Son nom est original. **Le mien** est assez banal.

그의/그녀의 이름은 특이하다. 내 것(=내 이름)은 꽤 흔하다.

소유의 의미(mon)를 나타내면서 앞서 언급된 명사(nom)를 대명사화하고자 할 때 소유대명사 le mien을 써 줌.

▪ Exemple 2

Sa robe est en lin. **La mienne** est en soie.

그녀의 원피스는 삼베 원피스이다. 내 것(=내 원피스)는 실크 원피스이다.

소유의 의미(ma)를 나타내면서 앞서 언급된 명사(robe)를 대명사화하고자 할 때 소유대명사 la mienne를 써 줌.

▪ Exemple 3

Je m'occupe de mes affaires. Occupez-vous **des vôtres** !

내 일은 내가 알아서 처리합니다. 당신은 당신 일에나 신경 쓰시오!

des vôtres의 des는 전치사 de와 정관사 les가 축약한 형태. 소유대명사 les vôtres는 앞서 이미 언급된 affaires(일)을 받아 '당신의 일'을 뜻함.

▪ Exemple 4

Paul est nostalgique. Il pense beaucoup **aux siens** en ce moment.

뽈은 향수에 젖어 있다. 그는 요즘 자신의 가족들을 많이 생각한다.

여기서 les siens은 앞서 언급된 어떤 특정한 명사를 받지 않고 '그의 가족'을 의미함.

■ **EXERCICE 1: le mien, la mienne, les mien(ne)s 중 문맥에 알맞은 형태로 문장을 완성하시오.**

a) Montre-moi tes tableaux, s'il te plaît. Je te montrerai .... aussi.
b) Passe-moi ton couteau, s'il te plaît. .... ne coupe pas très bien.
c) Passe-moi ta serviette, s'il te plaît. J'ai oublié ....
d) Présente-moi tes filles, s'il te plaît. .... veulent faire leur connaissance.
e) Présente-moi ta coiffeuse, s'il te plaît. .... a pris sa retraite.

■ **EXERCICE 2: le sien, la sienne, les sien(ne)s 중 문맥에 알맞은 형태로 문장을 완성하시오.**

a) Montre-lui tes tableaux, s'il te plaît. Il te montrera .... aussi.
b) Passe-lui ton couteau, s'il te plaît. .... ne coupe pas très bien.
c) Passe-lui ta serviette, s'il te plaît. Il a oublié ....
d) Présente-lui tes filles, s'il te plaît. .... veulent faire leur connaissance.
e) Présente-lui ta coiffeuse, s'il te plaît. .... a pris sa retraite.

■ **EXERCICE 3: 이탤릭체 부분을 문맥에 맞는 소유대명사로 받아 대화문을 완성하시오.**

a) Ce sont *tes lunettes* ? – Non, ... sont dans ma chambre.
b) C'est *son parapluie* ? – Non, ... est bleu foncé.
c) Ce sont *leurs chiens* ? – Non, ... sont dans le jardin.
d) C'est *votre bracelet* ? – Non, ... reste introuvable.
e) Ce sont *ses parents* ? – Non, ... ne sont pas là.

■ **EXERCICE 4: 이탤릭체 부분을 문맥에 맞는 소유대명사로 받아 대화문을 완성하시오.**

a) Ce sont *vos lunettes* ? – Non, ... sont dans ma chambre.
b) C'est *leur parapluie* ? – Non, ... est bleu foncé.
c) Ce sont *vos chiens* ? – Non, ... sont dans le jardin.
d) C'est *son bracelet* ? – Non, ... reste introuvable.
e) Ce sont *vos parents* ? – Non, ... ne sont pas là.

23 지시대명사 *ce, celui, celle, ceux...*

Règle

중성의 **ce**와 성·수가 표시되는 형태인 **celui**(남성단수), **celle**(여성단수), **ceux**(남성복수), **celles**(여성복수)가 있음. ce는 주로 c'est~/ce sont~ 구문에 쓰임.
시·공간적 원근감을 명시하고자 하는 경우, **–ci**(화자로부터 가까이 있거나 앞으로 언급할 것을 표현) 또는 **–là**(화자로부터 멀리 있거나 이미 언급한 것을 표현)을 덧붙여 복합형을 만들 수 있음 (ceci, celui-ci, celle-là, ceux-là...).

주의! celui, celle, ceux, celles 단독형은 일반적으로 'de'로 이끌리는 전치사구 또는 'que/qui/dont...' 등으로 이끌리는 관계절과 함께 쓰여야 함(***celui*** *de gauche* 왼쪽의 것, ***celui*** *que j'ai lu* 내가 읽은 것).

■ Exemple 1

Regarde cette vieille photo. Ça, **c**'est mon ami Christophe. Et ça, **c**'est moi.

이 옛날 사진을 봐. 이건 내 친구 크리스토프야. 그리고 이건 나야.

ce는 중성 지시대명사이며 ça는 ce의 강세형임.

■ Exemple 2

Les robes sont toutes magnifiques. **Celle-ci** est en coton et **celle-là** en soie.

원피스가 모두 멋지답니다. 이쪽 것은 면 원피스이고 저쪽 것은 실크 원피스예요.

지시의 의미를 나타내면서 앞서 언급된 명사(robe)를 대명사화하고자 할 때 지시대명사를 써 줌. Celle-ci는 화자로부터 가까운 것을, celle-là는 화자로부터 먼 것을 가리킴.

■ Exemple 3

Les robes sont toutes magnifiques. **Celle** de droite est en coton et **celle** de gauche en soie.

원피스가 모두 멋지답니다. 오른쪽 것은 면 원피스이고 왼쪽 것은 실크 원피스예요.

지시대명사(celle) 단독형이 'de'로 이끌리는 전치사구(de droite, de gauche)와 함께 쓰임.

■ Exemple 4

Celle qui avait une robe rouge est la femme de Paul.

빨간 원피스를 입고 있던 그 여자는 뽈의 아내이다.

지시대명사(celle) 단독형이 관계절(qui avait une robe rouge)과 함께 쓰임.

■ **EXERCICE 1:** 앞선 명사구를 알맞은 지시대명사로 받아 문장을 완성하시오.

a) Ces gens-là ne sont pas .... que Paul souhaite rencontrer.
b) Cette étudiante n'est pas .... que Paul trouve fort intelligente.
c) Cette épicerie n'est pas .... dont Marie nous parle tout le temps.
d) Cet homme n'est pas .... qu'il te faut.
e) Ces fleurs ne sont pas .... que Jean veut offrir à Céline.

■ **EXERCICE 2:** 앞선 명사구를 알맞은 지시대명사로 받아 문장을 완성하시오.

a) Mes chiens sont aussi joyeux que .... de mon voisin.
b) Mes enfants sont aussi sages que .... de mon voisin.
c) Ma voiture est aussi belle que .... de mon voisin.
d) Mon salon est aussi lumineux que .... de mon voisin.
e) Ma femme est plus jolie que .... de mon voisin.

■ **EXERCICE 3:** 이탤릭체 부분을 알맞은 지시대명사 복합형으로 받아 문장을 완성하시오.

a) Tu peux essayer *ces bottes-ci*. → Tu peux essayer ....
b) Tu peux prendre *ce manteau-là*. → Tu peux prendre ....
c) Tu peux dessiner *cette orange-ci*. → Tu peux dessiner ....
d) Tu peux aider *ce garçon-là*. → Tu peux aider ....
e) Tu peux prendre *ce parapluie-ci*. → Tu peux prendre ....

■ **EXERCICE 4:** 앞 문장의 명사를 받으며 '가까운 것'과 '먼 것'을 표시하는 지시대명사 복합형으로 문장을 완성하시오.

a) Ce sont des lunettes de très bonne qualité.
.... sont fabriquées en France et .... en Italie.
b) Ce sont des arbres que mon père et moi avons plantés.
.... est le mien et .... le sien.
c) Je ne veux pas reprendre de sauce.
.... est trop piquante, et .... beaucoup trop sucrée !

24 의문대명사 *qui, qu'est-ce qui...*

Règle

• 문장의 일부 성분에 대해 질문할 때 사용함. 질문의 대상이 되는 것이 사람인지 사물인지, 그리고 그것이 문장에서 어떤 기능을 갖는지에 따라 여러 형태가 있음.

	사람	사물
주어	qui/qui est-ce qui	-/qu'est-ce qui
직·목	qui/qui est-ce que	que/qu'est-ce que
속사	qui	qu'est-ce que/quoi
간·목 또는 상황보어	전치사 + qui	전치사 + quoi

• 의문대명사 복합형 lequel, laquelle, lesquels, lesquelles도 있으며, 복합형은 '~중 어느 것/누구'처럼 항상 **선택**의 개념을 나타냄.
이 밖에도 의문부사 comment(어떻게), combien(얼마나), pourquoi(왜), quand(언제), où(어디서)가 있음.

■ Exemple 1

Qui est d'accord avec moi ?

누가 저와 동의합니까?

Qui est-ce qui est d'accord avec moi ? 라고 쓸 수도 있음.

■ Exemple 2

Qu'est-ce qui t'empêche de faire ça ?

무엇이 네가 그것을 못하게 하느냐?

사물 주어일 때의 의문대명사는 Qu'est-ce qui 형태뿐임. (X) Que t'empêche de faire ça? 라고는 쓰지 못함.

■ Exemple 3

Que voulez-vous ?

당신은 무엇을 원하십니까?

Qu'est-ce que vous voulez?라고 쓸 수도 있음. Qu'est-ce que~ 다음에는 주어와 동사를 도치하지 않음.

■ Exemple 4

Lequel des deux est le plus rapide ?

둘 중 누가 더 빠르냐?

의문대명사 복합형 lequel은 항상 '선택'의 개념을 나타냄.

■ **EXERCICE 1: qui와 qui est-ce qui 중 알맞은 의문사로 문장을 완성하시오.**

a) .... es-tu ?
b) .... est en vacances ?
c) C'était .... au téléphone ?
d) .... vient avec moi ?
e) .... sont tous ces gens ?

■ **EXERCICE 2: qui est-ce qui, qui est-ce que, qu'est-ce que 중 알맞은 의문사로 문장을 완성하시오.**

a) Qui aimez-vous ? → .... vous aimez ?
b) Que cherchez-vous ? → .... vous cherchez ?
c) Qui interrogent-ils ? → .... ils interrogent ?
d) Qui vous aime ? → .... vous aime ?
e) Que veux-tu ? → .... tu veux ?

■ **EXERCICE 3: lequel, lesquel(le)s, auxquel(le)s 중 알맞은 의문대명사 복합형으로 문장을 완성하시오.**

a) Parmi tous ces acteurs, ... sont les plus charismatiques ?
b) .... de ses fils est le plus sportif ?
c) Parmi toutes ces propositions, ... sont réalisables ?
d) Parmi ces films, ... vous plaît le plus ?
e) Je pense à certaines de mes collègues.
– Ah bon ? .... penses-tu ?

■ **EXERCICE 4: combien, comment, où, pourquoi, quand 중 알맞은 의문부사로 문장을 완성하시오.**

a) .... sont-ils encore en colère ?
b) .... as-tu l'intention de réparer cette porte ?
c) .... tu as eu cette idée géniale ?
d) .... est-ce qu'ils habitent ?
e) .... de sœurs Pierre a déjà ?

25 관계대명사 *qui, que, où, dont...*

Règle

앞에 나온 선행사를 대신 받는 **대명사의 기능과 함께** 주절과 종속관계절을 이어주는 **접속사의 기능을 동시에** 지님. **qui**(선행사 사람/사물, 관계절에서 주어), **que**(선행사 사람/사물, 관계절에서 직·목), **'전치사 + qui'**(사람, 관계절에서 간·목이나 상황보어), **'전치사 + quoi'**(사물, 관계절에서 간·목이나 상황보어)가 있음.
그 밖에도 선행사의 성·수에 따라 변화하는 관계대명사 복합형으로 **lequel, laquelle, lesquels, lesquelles**이 있으며, 장소나 시간을 나타내는 관계부사 **où**와 'de + 명사구'를 대신하는 **dont**도 있음.

주의! 관계대명사 복합형은 의문대명사 복합형과 달리 '선택'의 의미를 나타내지 않음.

▪ Exemple 1

Les amis **que** nous invitons à notre mariage sont nos meilleurs amis.

우리 결혼식에 초대하는 친구들은 우리의 제일 친한 친구들이다.

관계대명사 que는 선행사 les amis(친구들)을 받음.

▪ Exemple 2

Paul a enfin terminé ses études, **ce que** ses parents n'arrivent toujours pas à croire.

뽈은 드디어 학업을 마쳤는데 그 사실을(←그것을) 그의 부모는 아직도 믿지 못한다.

여기서 ce는 바로 앞의 문장 전체 '뽈이 드디어 학업을 끝마친 사실'을 받음.

▪ Exemple 3

Qui m'aime me suive !

나를 사랑하는 자는 나를 따르라.

선행사 없이 쓰인 qui는 격언이나 속담 등에 자주 나오며 '그 누구든지(quiconque)'의 뜻을 나타냄.

▪ Exemple 4

Ces jeunes filles à côté **desquelles** je voyage sont charmantes.

내가 그 곁에서 여행하는 젊은 아가씨들은 매력적이다.

여기서 대략 '그 아가씨들은 매력적이다(Ces jeunes filles sont charmantes)'라는 의미의 문장과 '그런데 나는 그녀들 곁에서 여행한다(Et je voyage à côté d'elles)'라는 의미의 문장에서 elles을 관계대명사 복합형 lesquelles로 받은 후 바로 앞에 위치한 전치사 de와 축약하여(de + lesquelles) desquelles 형태로 두 문장을 연결하였음.

■ **EXERCICE 1: qui 와 que 중 알맞은 관계대명사로 문장을 완성하시오.**

a) Alex est un enfant vif .... aime jouer et courir.
b) Paul a enfin terminé ses études, ce .... soulage beaucoup ses parents.
c) François est l'homme .... elle attendait.
d) .... ne risque rien n'a rien.
e) Les livres .... nous avons lus dans notre enfance nous influencent toute notre vie.

■ **EXERCICE 2: où와 dont 중 알맞은 관계대명사로 문장을 완성하시오.**

a) C'est un fils .... toutes les mères seraient fières.
b) C'est le café .... ils se sont rencontrés.
c) Elle accueille cet homme .... le père est une vieille connaissance.
d) Le jour .... Julie a rencontré Louis, il a beaucoup neigé.
e) Ils possèdent trois établissements, ... cet hôtel de luxe à Cannes.

■ **EXERCICE 3: qui와 quoi 중 알맞은 관계대명사로 문장을 완성하시오.**

a) Nous remercions Vincent sans .... nous ne serions jamais arrivés à temps.
b) Persévérez, sans .... vous ne réussirez pas.
c) Ils ont de .... vous nourrir.
d) Paul aime Virginie, pour .... il semble prêt à tout.
e) Ce à .... il tient tant, c'est de faire le tour du monde avec elle.

■ **EXERCICE 4: 알맞은 관계대명사 복합형을 채워 넣어 문장을 완성하시오.**

a) Ils visitent un immense parc au milieu .... se trouve un lac.
b) Le fauteuil dans .... je suis assis est confortable.
c) Les jeunes enfants posent parfois des questions .... il est difficile de répondre.
d) C'est la raison pour .... ils veulent créer cette association.
e) C'est le garçon .... j'ai pensé immédiatement.

26 부정(indéfini)대명사

Règle

특정한 명사를 대신 받지 않고 사물이나 사람을 막연하게 지시하는 대명사.
항상 주어로만 쓰이는 **on**(사람들이/은) ; 부정문에서 ne와, 그리고 전치사 sans과 함께 쓰이는 **aucun**(어느 누구도), **personne**(아무도), **rien**(아무것도) ; 형용사로 수식 받을 때 de를 동반하는 **quelqu'un**(누군가)와 **quelque chose**(무엇인가) ; 대략적인 수를 표시하는 **quelques-un(e)s(몇몇 사람/것)**, **certain(e)s**(몇몇), **plusieurs**(여럿), **chacun(e)**(각각의 사람/것), **tout(모든 것, 전부)**, **toutes/tous**(모든 사람들/것들) ; 항상 정관사와 함께 쓰이는 **même(s)**(같은 사람/것(들)), 그 외에도 **un(e) autre/d'autres**(다른 사람/것(들)) 등이 있음.

▪ Exemple 1

Personne n'est parfait.

아무도 완벽하지 않다.

이 문장은 Aucun n'est parfait라고 써도 됨. Personne, aucun, rien이 부정문에 쓰일 경우 ne ~ pas에서 pas는 생략됨.

▪ Exemple 2

Il nous faut **quelqu'un de** responsable.

우리에게는 책임감 있는 누군가가 필요하다.

quelqu'un(누군가)를 수식해 주는 형용사 responsable(책임감 있는)은 전치사 de 다음에 놓임. quelque chose(무엇인가)도 마찬가지로 수식해 주는 형용사를 전치사 de 다음에 써 줌(Il nous faut quelque chose **de** durable. 우리에게는 지속 가능한 무엇인가가 필요하다).

▪ Exemple 3

Plusieurs de mes **étudiantes** ne sont pas dans la photo.

내 여학생들 중 상당수가 사진 속에 없다.

부정대명사 plusieurs(여럿, 상당수)는 의미상 여성복수(étudiantes)를 받더라도 남성복수형태(plusieurs)를 유지함.

▪ Exemple 4

Quelles **assiettes** dois-je ranger dans le placard ? – **Toutes** !

어떤 접시들을 찬장에 정리해야 합니까? – 모두 다!

앞서 언급된 '접시들(assiettes)'을 받아 부정대명사 tout를 toutes로 명사의 성·수에 일치시켜 주었음.

■ **EXERCICE 1: quelqu'un, quelque chose, personne, rien 중 알맞은 부정대명사로 문장을 완성하시오.**

a) Ils n'ont .... à déclarer.

b) Je pense que Paul, c'est .... de vraiment fiable.

c) Vous devez absolument en parler à ....

d) Vous devez n'en parler à ....

e) J'ai .... d'important à vous révéler.

■ **EXERCICE 2: 이탤릭체 부분을 받는 알맞은 부정대명사로 문장을 완성하시오.**

a) *Tous les meubles* sont neufs. → .... sont neufs.

b) *Quelques photos* sont très belles. → .... sont très belles.

c) *Certaines demandes* restent sans réponse. → .... restent sans réponse.

d) *Toutes les filles* sont rayonnantes. → .... sont rayonnantes.

■ **EXERCICE 3: 이탤릭체 부분을 chacun으로 알맞게 받아 문장을 완성하시오.**

a) Il y a un carton d'invitation pour *chaque invité*.
→ Il y a un carton d'invitation pour ....

b) *Tous* ses enfants héritent un terrain.
→ .... de ses enfants hérite un terrain.

c) Denis regarde *chaque photo* attentivement.
→ Denis regarde .... attentivement.

d) *Toutes* mes amies me félicitent. → .... de mes amies me félicite.

■ **EXERCICE 4: un(e) autre, d'autres, le/la même, les mêmes 중 알맞은 부정대명사로 문장을 완성하시오.**

a) Ta montre est .... que la mienne.

b) Mon pantalon est bien abîmé. Je dois en acheter ....

c) Ses chaussures sont .... que les tiennes.

d) Il y a des écologistes, et .... qui ne le sont pas, mais tous sont réunis dans ce projet.

e) J'aime bien ce pantalon, le tissu, la coupe, mais la couleur ne me plaît pas. Vous n'auriez pas .... en marron ?

27 1군동사의 동사활용

Règle

- -er로 끝나는 동사.*

  *예외적으로 aller 동사는 -er로 끝나지만 3군동사이고 불규칙 활용을 함.

  1군동사를 직설법 현재로 활용할 때 원형어미(-er)를 주어의 인칭과 수에 따라 다음과 같이 대체함:

je	tu	il	elle	nous	vous	ils	elles
-e	**-es**	**-e**	**-e**	**-ons**	**-ez**	**-ent**	**-ent**

  je parl**e**, tu parl**es**, il parl**e**, elle parl**e**, nous parl**ons**, vous parl**ez**, ils parl**ent**, elles parl**ent**

- 일부 1군 동사 어간의 철자가 발음상의 이유로 변하는 경우도 있음:

  〈commencer 유형〉 je commence, tu commences,... nous commen**çons**,...

  〈manger 유형〉 je mange, tu manges,... nous man**geons**, vous mangez...

  〈appeler 유형〉 j'app**elle**, tu app**elles**, il app**elle**, elle app**elle**, nous appelons, vous appelez, ils app**ellent**, elles app**ellent**

  〈mener 유형〉 je m**ène**, tu m**ènes**, il m**ène**, elle m**ène**, nous menons, vous menez, ils m**ènent**, elles m**ènent**

■ Exemple 1

Elles **restent** toujours jeunes ?

그녀들은 여전히 젊은가요?

3인칭 복수 주어 Elles에 맞게 동사 역시 3인칭 복수 restent로 활용하였음. 또한 형용사도 주어 elles과 성·수일치하였음(jeunes).

■ Exemple 2

J'**étudie** la littérature anglaise.

나는 영문학을 공부한다.

모음으로 시작하는 étudier 앞에서 Je가 J'로 변함.

■ Exemple 3

Nous **commençons** la réunion à 13h.

우리는 오후 1시에 회의를 시작한다.

commencer 동사는 제3음절의 [쓰] 발음가를 그대로 유지하기 위하여 nous와 호응하는 어미 –ons 앞에서 c가 ç로 대체됨(그대로 놓아두면 commencons [꼬망꽁]과 같이 [끄] 발음가가 나타남).

■ Exemple 4

Paul **m'appelle** quand il s'ennuie. 뽈은 심심할 때 내게 전화한다.

모음으로 시작하는 appeler 동사를 그 앞의 직접목적보어 me의 모음생략형 m'와 붙여 써 줌(m'appelle).

■ **EXERCICE 1:** 괄호 안의 **1**군 동사를 직설법 현재로 활용하시오.

a) Vous .... le jazz ? (aimer)
b) Tu .... une cigarette ? (fumer)
c) Nous .... ce bagage ? (porter)
d) Elles .... la littérature ? (étudier)
e) Il .... son chien ? (promener)

■ **EXERCICE 2:** 괄호 안의 **1**군 동사를 직설법 현재로 활용하시오.

a) Je .... à Londres. (habiter)
b) Ils .... régulièrement leurs parents. (appeler)
c) Nous .... lentement, mais sûrement. (avancer)
d) Elle .... les journaux. (jeter)
e) Je .... ta franchise. (admirer)

■ **EXERCICE 3:** 괄호 안의 **1**군 동사를 직설법 현재로 활용하시오.

a) Vous .... la table ? (enlever)
b) Elle .... son manteau. (enlever)
c) Je .... la chaise ? (enlever)
d) Ils .... prochainement. (déménager)
e) Nous .... prochainement. (déménager)

■ **EXERCICE 4:** 다음 문장을 **nous**를 주어로 하는 문장으로 다시 쓰시오.

a) Je range nos livres. → Nous ....
b) Je voyage en train. → Nous ....
c) J'annonce une bonne nouvelle. → Nous ....
d) Je soulève la pierre. → Nous ....
e) J'y amène les étudiants → Nous ....

28 2군동사의 동사활용

Règle

• 2군동사 원형어미는 -ir이며 직설법 현재로 활용할 때 원형어미(-ir)를 주어의 인칭과 수에 따라 다음과 같이 대체함 :

je	tu	il	elle	nous	vous	ils	elles
-is	**-is**	**-it**	**-it**	**-issons**	**-issez**	**-issent**	**-issent**

je chois**is**, tu chois**is**, il chois**it**, elle chois**it**, nous chois**issons**, vous chois**issez**, ils chois**issent**, elles chois**issent**

• 일부 2군 동사 어간의 철자가 변하는 경우도 있음:
〈haïr 유형〉 je h**ai**s, tu h**ai**s, il h**ai**t, elle h**ai**t, nous haïssons, vous haïssez, ils haïssent, elles haïssent

▪ Exemple 1

Les enfants **grandissent** vite.
아이들은 빨리 큰다.

choisir나 finir 같은 동사 외에도 grandir, rougir, vieillir, maigrir, bâtir 등 '상태의 변화'를 나타내는 다수의 동사가 2군동사임.

▪ Exemple 2

Choisissez ce que vous voulez !
원하는 것을 고르세요.

▪ Exemple 3

Elle te **hait**.
그녀는 널 증오한다.

haïr 동사가 단수 주어와 활용하면 모음 i 위의 액센트 tréma (¨)가 탈락함.

▪ Exemple 4

Nous **embellissons** notre quartier.
우리는 우리 동네를 아름답게 만든다.

■ **EXERCICE 1: bâtir 동사를 직설법 현재로 활용하시오.**

a) Je .... une maison.
b) Tu .... une maison.
c) Elle .... une maison.
d) Nous .... une maison.
e) Ils .... une maison.

■ **EXERCICE 2: rougir 동사를 직설법 현재로 활용하시오.**

a) Je .... facilement.
b) Il .... facilement.
c) Nous .... facilement.
d) Vous .... facilement.
e) Elles .... facilement.

■ **EXERCICE 3:** 괄호 안의 **2**군 동사를 직설법 현재로 활용하시오.

a) Tu .... ta robe ? (choisir)
b) Vous .... de plus en plus ! (rajeunir)
c) Nous .... tous. (vieillir)
d) Ils .... l'argent de la drogue. (blanchir)
e) Elle mange beaucoup, mais elle ne .... pas. (grossir)

■ **EXERCICE 4:** 괄호 안의 **2**군 동사를 직설법 현재로 활용하시오.

a) La colère .... le visage. (enlaidir)
b) La fumée .... le mur. (noircir)
c) Nous .... notre vocabulaire. (enrichir)
d) Ils .... les routes. (élargir)
e) Vous .... cette pièce ? (agrandir)

29 3군동사의 동사활용

Règle

• 3군 동사 중 조동사나 본동사로 쓰일 수 있는 être와 avoir의 불규칙 활용:

	je	tu	il	elle	nous	vous	ils	elles
être	**suis**	**es**	**est**	**est**	**sommes**	**êtes**	**sont**	**sont**
avoir	**ai**	**as**	**a**	**a**	**avons**	**avez**	**ont**	**ont**

• **그 외 3군 동사는** 크게 어미가 -re로 끝나는 유형, -oir로 끝나는 유형, -ir로 끝나는 유형으로 구분할 수 있음:
〈-re 유형〉 *prend**re*** : je prend**s**, tu prend**s**, il prend, elle prend, nous pren**ons**, vous pren**ez**, ils prenn**ent**, elles prenn**ent**
〈-oir 유형〉 *sav**oir*** : je sai**s**, tu sai**s**, il sai**t**, elle sai**t**, nous sav**ons**, vous sav**ez**, ils sav**ent**, elles sav**ent**
〈-ir 유형〉 *part**ir*** : je par**s**, tu par**s**, il par**t**, elle par**t**, nous part**ons**, vous part**ez**, ils part**ent**, elles part**ent**

• 3군동사의 불규칙한 활용은 동사별로 익혀야 함.

■ Exemple 1

Ils **sont** Canadiens et ils **ont** vingt ans.

그들은 캐나다인이고 스무 살이다.

être 동사의 3인칭복수형인 sont과 avoir 동사의 3인칭복수형인 ont.

■ Exemple 2

Je **prends** un parapluie ?

우산을 가져갈까요?

prendre 동사의 활용.

■ Exemple 3

Je **sais** qu'ils **veulent** voyager.

나는 그들이 여행하고 싶어하는 것을 안다.

savoir와 vouloir 동사의 활용((vouloir: je veux, tu veux, il veut, elle veut, nous voulons, vous voulez, ils veulent, elles veulent).

■ Exemple 4

Quand **partez**-vous?

언제 떠나십니까?

partir 동사의 활용.

■ **EXERCICE 1: être**와 **avoir** 동사를 직설법 현재로 활용하시오.

a) Je .... Coréen et j'................ vingt ans.
b) Tu .... sérieux et tu .... toujours de la chance.
c) Elle .... mariée et elle .... deux fils.
d) Nous .... Coréens et nous .... vingt ans.
e) Ils .... passionnés mais ils n'................ aucune expérience.

■ **EXERCICE 2:** 괄호 안의 **3**군 동사를 직설법 현재로 활용하시오.

a) Je .... bonjour à mes voisins. (dire)
b) Elle ne .... rien. (faire)
c) Ils .... au cinéma une fois par semaine. (aller)
d) Elles .... beaucoup de cadeaux. (recevoir)
e) Vous .... cette chaise ? (prendre)

■ **EXERCICE 3:** 괄호 안의 **3**군 동사를 직설법 현재로 활용하시오.

a) Nous .... où il habite. (savoir)
b) Je .... son adresse. (connaître)
c) Tu me .... d'y réfléchir ? (promettre)
d) Elles .... nous voir ce week-end. (venir)
e) Il .... faire cet exercice ? (pouvoir)

■ **EXERCICE 4:** 이탤릭체 **3**군 동사를 직설법 현재로 활용하여 대화문을 완성하시오.

a) Que *dites*-vous à vos parents ? – Nous leur .... que tout va bien.
b) Qu'*écrivez*-vous à votre famille ? – Nous leur .... que tout va bien.
c) Que *faites*-vous en ce moment ? – Nous ne .... pas grand-chose.
d) Que *lisez*-vous en ce moment ? – Nous .... un roman de Céline.
e) Qu'*apercevez*-vous ? – Nous .... un chat par la fenêtre.

30 부정문(négative)

Règle

긍정문을 부정문으로 만들 때 일반적으로 **ne ~ pas**(~이 아니다)를 써 주나, pas 대신 personne(아무도~이 아니다), rien(아무 것도~이 아니다), jamais(결코~않다), plus(더 이상~않다), point(조금도~않다), pas encore(아직~이 아니다), pas du tout(전혀~않다), ni... ni... (~도 ~도 ~아니다) 등을 써서 다양한 부정의 의미를 나타낼 수 있음.

주의! ne ~ pas는 일반적으로 **문장에서 맨 처음 나오는 동사요소**(본동사, 조동사, 반조동사...)를 앞뒤로 감싸주는데(*Il **ne** chante **pas**, Il **n'**a **pas** chanté*), 동사에 걸리는 직·목, 간·목, 중성대명사가 있을 경우 '대명사+동사' 전체를 하나의 단위로 간주하여 앞뒤로 감싸 줌(*Il **ne** la chante **pas***).

주의! ne ~ que는 '단지~뿐'이라는 긍정의 의미를 나타냄(*Vincent **n'**attend **que** Marie* 뱅상은 마리만 기다린다).

▪ Exemple 1

Elle **ne** veut rencontrer **personne**.

그녀는 아무도 만나고 싶지 않다.

personne(아무도)를 부정문에 쓸 경우 ne~pas에서 pas는 생략됨.

▪ Exemple 2

Cécile **n'**a **jamais** travaillé avec Pierre.

쎄실은 삐에르와 일한 적이 없다.

부정문에서 pas 대신 jamais를 써 주었음. 위에 대응하는 긍정문은 Cécile a déjà travaillé avec Pierre(쎄실은 삐에르와 이미 일한 적이 있다).

▪ Exemple 3

Elle peut **ne pas** dormir pendant deux jours.

그녀는 이틀 간 잠을 자지 않을 수도 있다.

부정법(infinitif) 동사에 걸리는 부정문(négative)을 만들 때 ne pas는 분리되지 않은 채로 함께 부정법 동사 앞에 놓임(ne pas dormir). 만일 문장의 첫 번째 동사요소인 'peut'를 ne~pas로 감싸 주면 Elle ne peut pas dormir가 되고 '그녀는 잘 수 없다'는 의미를 나타냄.

▪ Exemple 4

Leur mère **ne les y a pas** conduits.

그들의 어머니는 그들을 거기에 데려다 주지 않았다.

부정의 ne~pas는 직·목(les)과 중성 대명사(y)와 문장의 첫 번째 동사요소(a)를 한 단위로 간주하여 각각 그 앞뒤에 써 주었음.

■ **EXERCICE 1:** 긍정문을 부정문으로 만드시오.

a) Quelqu'un t'a téléphoné. → ....

b) Tu veux parler à quelqu'un ? → ....

c) Sa tarte est à la fois trop salée et trop sucrée. → ....

d) Elle a une profession et une adresse. → ....

e) Toi et moi, nous avons lu ce roman d'aventure. → ....

■ **EXERCICE 2:** 긍정문을 부정문으로 만드시오.

a) A cette heure-ci, Sébastien travaille encore. → ....

b) Emma veut un gâteau et un bonbon. → ....

c) Ils ont mangé quelque chose. → ....

d) Vous l'avez déjà rencontrée ! → ....

e) Ils s'occupent bien de leurs parents. → ....

■ **EXERCICE 3:** 다음 문장에 대응하는 두 종류의 부정문을 만들고 각각의 의미를 적으시오.

a) Je veux le faire. → (a) ..../(b) ....

b) Vous pouvez entrer. → (a) ..../(b) ....

c) Ils ont envie de se dépêcher. → (a) ..../(b) ....

d) Ils ont l'intention de terminer ce stage.
→ (a) ..../(b) ....

■ **EXERCICE 4:** 다음 문장을 **ne ~ que**를 포함하는 유사한 의미의 문장으로 다시 쓰시오.

a) Daniel dort sans cesse. → ....

b) Marine veut rencontrer uniquement Pierre. → ....

c) Le bébé pleure tout le temps. → ....

d) Serge pense seulement à lui-même. → ....

e) Vous ne cessez de critiquer. → ....

31 의문문

Règle

의문문은 **평서문 어순**을 그대로 유지하면서 **상승조 억양**을 쓰거나(*Vous êtes prêts ?*), '**Est-ce que + 평서문**' 구문을 사용하거나(*Est-ce que vous êtes prêts ?*), **주어-동사 도치구문**(*Etes-vous prêts ?*)을 이용하여 만들 수 있음. 도치 의문문에서 대명사 주어는 **단순도치**를 하고, 명사구 주어의 경우, 주어는 그대로 둔 상태에서, 주어를 받는 인칭대명사를 동사 다음에 삽입하여 **복합도치**시킴(***Paris** brûle-t-**il** ?*).

주의! 대명사 주어 **il, elle, on**과 모음으로 끝나는 동사를 도치할 경우 동사와 주어 사이에 **-t-**를 삽입해 줌 (*Aura-**t**-elle,... Aime-**t**-il,...*). 다른 대명사 주어가 쓰이면 -t-를 삽입하지 않음.

- 〈직접의문문 → 간접의문문〉 전환에 따른 의문사 변화:
  Qui(누가), Qui est-ce qui(누가), Qui est-ce que(누구를) → **qui(누가, 누구를)**
  Qu'est-ce qui(무엇이) → **ce qui(무엇이)**
  Que(무엇을), Qu'est-ce que(무엇을) → **ce que(무엇을)**
- 그 밖의 의문부사, 의문형용사, '전치사 + 의문대명사'는 직접의문문과 동일하게 써 줌.
- 의문사가 없는 경우는 **si**를 삽입하여 간접의문문을 도입함.

Exemple 1

Tu es déjà debout ?

너 벌써 일어났니?

« Es-tu déjà debout ? » 또는 « Est-ce que tu es déjà debout ? »라고 해도 됨.

Exemple 2

Il me demande **ce qui est arrivé**, et **ce qu'elle a découvert.**

그는 내게 무슨 일이 일어났는지, 그리고 그녀가 무엇을 발견했는지 묻는다.

직접의문문 « **Qu'est-ce qui** est arrivé ? »와 « **Qu'est-ce qu**'elle a découvert ? »가 각각 간접의문문으로 바뀌었고 이때 사물을 가리키는 주어 의문대명사 qu'est-ce qui(무엇이)는 **ce qui(무엇이)**로, 사물을 가리키는 목적보어 의문대명사 qu'est-ce que(무엇을)은 **ce que(무엇을)**로 바뀌었음.

Exemple 3

Il me demande **pourquoi Claire est fâchée**.

그는 내게 끌레르가 왜 화났는지 묻는다.

직접의문문 « Pourquoi Claire est-elle fâchée ?/Pourquoi Claire est fâchée ? »가 간접의문문으로 전환될 때 의문부사 pourquoi는 변화 없이 그대로 사용되며 의문사 이하는 주어+술어의 어순으로 써 줌.

Exemple 4

Il me demande **s'ils viendront**. 그는 내게 그들이 올 것인지 묻는다.

의문사가 없는 직접의문문(« Viendront-ils ? » 또는 « Ils viendront ? »)을 간접의문문으로 전환할 때 si를 삽입하고 si 이하는 주어+술어의 어순으로 써 줌.

- **EXERCICE 1:** 단순도치 의문문을 만드시오.

a) Est-ce que vous y allez ? → ....
b) Est-ce qu'ils ont répondu ? → ....
c) Est-ce qu'elle aura le temps ? → ....
d) Est-ce que je peux partir ? → ....
e) Est-ce que nous sommes censés les attendre ? → ....

- **EXERCICE 2:** 단순도치 의문문을 만드시오.

a) Il aura envie d'aller au cinéma ? → ....
b) Elle aime la musique classique ? → ....
c) Tu as fini le livre ? → ....
d) Il possède trois appartements ? → ....
e) On a trouvé son adresse ? → ....

- **EXERCICE 3:** 복합도치 의문문을 만드시오.

a) Vincent a envie d'aller au cinéma ? → ....
b) Marion aime la musique classique ? → ....
c) M. et Mme Dupont possèdent trois appartements ? → ....
d) Julie et Sébastien ont trouvé mon adresse ? → ....
e) Ton père va finir le livre ? → ....

- **EXERCICE 4:** 직접의문문을 간접의문문으로 전환하여 문장을 완성하시오.

a) « Comment elle va ? » → Ils me demandent ....
b) « Qui est-ce qu'il a rencontré ? » → Elle me demande ....
c) « Est-ce réalisable ? » → Ils me demandent ....
d) « Qui est-ce qui est venu ? » → Elle me demande ....
e) « Qu'est-ce que c'est ? » → Elle me demande ....

32 감탄문

Règle

평서문 어순을 쓰는 억양에 의한 감탄문도 있고(*Ce paysage est vraiment magnifique!*) 명시적인 어휘를 사용하는 감탄문도 있음. 후자의 경우 문장 전체에 걸리는 감탄문은 **Comme, Qu'est-ce que, Que, Ce que** 등을 문장의 첫머리에 써 주고 그 뒤에 '주어 + 술어'를 써 주어 형성함. 문장 내 어떤 한 요소에 걸리는 감탄문은 보통 **Quel(le)(s)**이나 **Combien** 등을 사용하여 형성함.

주의! 구어체에서는 Comme~, Qu'est-ce que~, Quel~ 감탄문을 주로 씀.

주의! 'Quel 감탄문'에서 Quel이 속사(attribut) 기능을 하는 경우, Quel 다음의 주어-동사를 도치하여 줌.

- 그 외에도 'Pourvu que + **접속법**'이나 'Si seulement + **반과거**' 구문의 감탄문도 있음.

■ Exemple 1

Comme je suis fatigué !

나는 너무 피곤하다!

'Comme + 주어 + 술어'로 감탄문을 형성함.

■ Exemple 2

Qu'est-ce qu'il chante bien !

그는 얼마나 노래를 잘 부르는지!

'Qu'est-ce que + 주어 + 술어'로 감탄문을 형성함.

■ Exemple 3

Quelle surprise !

(나의) 놀라움이란!

'감탄형용사 Quel + 명사'로 감탄문을 형성함.

Quelle était ma surprise !

내가 얼마나 놀랐던지!

여기서 Quel은 속사이므로 주어(ma surprise)와 동사(était)를 도치시켜 주었음(était ma surprise).

■ Exemple 4

Combien ce voyage a été pénible !

이 여행이 얼마나 고되었는지!

Combien~ 감탄문은 양적인 측면을 강조함. 구어체에서는 comme ~ 감탄문으로 대체되기도 함.

■ **EXERCICE 1:** 괄호 안에 주어진 표현을 사용하여 감탄문을 만드시오.

a) Cette femme est élégante.→ .... ! (Que)
b) Ce fauteuil est confortable. → .... ! (Que)
c) Jacques révise sérieusement. → .... ! (Comme)
d) Ta voiture me plaît. → .... ! (Que)
e) Ta robe est belle. → .... ! (Comme)

■ **EXERCICE 2:** 괄호 안에 주어진 표현을 사용하여 감탄문을 만드시오.

a) Tu es bronzé. → .... ! (Ce que)
b) On a rigolé hier soir. → .... ! (Qu'est-ce que)
c) J'aimerais prendre des vacances. → .... ! (Comme)
d) Tu es pâle. → .... ! (Qu'est-ce que)
e) C'est compliqué. →.. ! (Comme)

■ **EXERCICE 3: Quel(le)(s), Que, Combien** 중 알맞은 표현으로 감탄문을 완성하시오.

a) .... de fois je le lui ai répété !
b) .... c'est beau !
c) .... talent !
d) .... était mon soulagement !
e) .... il était reconnaissant !

■ **EXERCICE 4: Quel(le)(s), Comme, Pourvu que, Si seulement** 중 알맞은 표현으로 감탄문을 완성하시오.

a) .... elle soit compréhensive !
b) .... gentillesse !
c) .... elle est gentille !
d) .... il s'arrêtait de pleuvoir !
e) .... Paul réussisse !

33 명령문

Règle

문장의 주어가 2인칭 단수나 1, 2인칭 복수일 때 명령문은 의미상 주어(tu, nous, vous)를 생략하여 형성함(Danse ! Dansons ! Dansez !).

주의! 2인칭 단수 tu 주어와의 활용형이 -es, -as로 끝나는 경우 명령문에서 –s를 생략함. 단, 명령형 동사 뒤에 중성대명사 y 또는 en이 나오면 –s가 되살아남(*Parle!* → *Parle**s**-en!*).

- avoir, être, savoir, vouloir 동사는 명령문에서 특수 형태(Aie, Ayons, Ayez ; Sois, Soyons, Soyez ; Sache, Sachons, Sachez ; Veuille, Veuillons, Veuillez)를 취함.
- 부정명령문은 긍정명령문에 ne~pas를 삽입하여 형성함(*Ne danse pas!*)

주의! 직·목, 간·목, 중성 대명사는 긍정명령문에서는 **동사 뒤에** 써 주나(Ecoute-**les** !), 부정명령문에서는 **동사 앞에** 써 줌(Ne **les** écoute pas !).

▪ Exemple 1

Soyez positif !

긍정적 자세를 가지십시오(←긍정적이십시오).

의미상 vous가 생략된 긍정명령문.

▪ Exemple 2

Pense à tes affaires !

네 물건들에 대해 생각해라.

의미상 주어가 tu(너)인 명령문을 만들 때, tu를 주어로 하는 평서문 활용형이 –es로 끝나면 동사어미 –s가 탈락하여 -e만 남음.

▪ Exemple 3

Pense**s-y** !

그것에 대해 생각해라.

의미상 주어가 tu(너)인 명령문을 만들 때, tu를 주어로 하는 평서문 활용형이 –es로 끝나면 동사어미 –s가 탈락하는 것이 원칙이나 동사 뒤에 중성대명사 y가 나왔으므로 –s가 되살아났음(penses-y).

▪ Exemple 4

Les raisins ne sont pas encore mûrs. **N'en prends pas !**

포도가 아직 안 익었다. 먹지 마라.

부정명령문이므로 중성 대명사 en을 동사 바로 앞에 써 주었으며 ne ~pas는 '대명사 + 동사'의 연속체를 앞뒤로 감싸 주었음.
이에 대응하는 긍정명령문은 Prends-en!으로서 중성대명사가 동사 뒤에 놓임.

- **EXERCICE 1:** 괄호 안에 제시된 인칭을 의미상 주어로 하는 명령문을 만드시오.

a) avoir confiance (너) → .... !
b) se réveiller (너희들) → .... !
c) être sage (너) → .... !
d) ne pas bouger (당신) → .... !
e) s'en aller (당신들) → .... !

- **EXERCICE 2:** 괄호 안에 제시된 인칭을 의미상 주어로 하는 명령문을 만드시오.

a) se taire (당신들) → .... !
b) le faire vite (너희들) → .... !
c) le savoir (당신) → .... !
d) se dépêcher (너) → .... !
e) être amis (우리) → .... !

- **EXERCICE 3:** 긍정명령문으로부터 부정명령문을 만드시오.

a) Regarde-les ! → .... !
b) Chante ! → .... !
c) Offre-le ! → .... !
d) Attrapez-les ! → .... !
e) Appelons-la ! → .... !

- **EXERCICE 4:** 부정명령문으로부터 긍정명령문을 만드시오.

a) N'en mange pas ! → .... !
b) N'en donnons pas ! → .... !
c) N'en distribuez pas ! → .... !
d) N'en ajoute pas ! → .... !
e) Ne t'en va pas ! → .... !

34 자동사와 타동사

Règle

- 목적보어를 취하는 동사를 **타동사**, 목적보어를 취하지 않은 동사를 **자동사**로 분류하나, 동일한 동사가 때로는 자동사적으로(*Paul a* ***mangé***), 때로는 타동사적으로(*Paul a* ***mangé des pâtes***) 사용되기도 함.
- 타동사 중 **직접 타동사**는 중간에 전치사의 개입 없이 명사구 목적보어를 취함(*Paul* ***regarde*** *sa copine*). **간접 타동사**는 '전치사 + 명사구'로 이루어진 간접목적보어를 취함(*Paul* ***pense*** *à sa copine*).

주의! consulter, interroger, prévenir, remercier, saluer 등의 동사는 프랑스어에서는 직·목을 취함.

주의! douter de~, toucher à~, ressembler à~ 등의 동사는 프랑스어에서는 간·목을 취함.

■ Exemple 1

Il a **chanté**.

그는 노래했다.

동사 chanter는 여기서 자동사적 용법으로 쓰였음.

Il a **chanté** la Marseillaise.

그는 라 마르세이에즈를 불렀다.

동사 chanter는 여기서 타동사적 용법으로 쓰였음.

■ Exemple 2

Elle **sort** tard.

그녀는 늦은 시간에 외출한다.

동사 sortir는 여기서 자동사적 용법으로 쓰였음.

Elle **sort** son portefeuille.

그녀는 자기 지갑을 꺼낸다.

동사 sortir는 여기서 타동사적 용법으로 쓰였음.

■ Exemple 3

Madame Dumont **interroge** ses étudiants.

뒤몽 선생님은 학생들에게 질문한다.

동사 interroger는 전치사의 개입 없이 직접목적보어(ses étudiants)를 취하는 직접타동사임.

■ Exemple 4

Ne **touche** pas **à** ce vase !

그 화병을 건드리지 마라.

toucher à~(~을/를 건드리다)에서 동사 toucher는 'à + 명사구'를 취하는 간접타동사임.

■ **EXERCICE 1:** 이탤릭체 동사가 자동사로 쓰였는지 타동사로 쓰였는지 적으시오.

a) Julie *monte* au 3e étage. (..............................)
b) Julie, *monte*-lui son dîner ! (..............................)
c) Jean *rentre* son vélo dans l'appartement. (..............................)
d) Jean *rentre* chez lui. (..............................)
e) Il manque une chaise. *Descends* une chaise ! (..............................)

■ **EXERCICE 2:** 괄호 안의 동사 중 알맞은 동사를 골라 직설법 현재로 활용해 넣으시오.

a) Robert .... à Isabelle. (appeler/téléphoner)
b) Robert .... Isabelle. (appeler/téléphoner)
c) Sophie .... son avocat. (remercier/dire merci)
d) Sophie .... à son avocat. (remercier/dire merci)
e) Madame Dumont .... la question aux étudiants. (interroger/poser)

■ **EXERCICE 3:** 괄호 안의 동사 중 알맞은 동사를 골라 직설법 현재로 활용해 넣으시오.

a) N'en .... pas, je vous prie. (croire/douter)
b) N'y .... pas, s'il vous plaît ! (toucher/parler)
c) Que fais-tu ? ....-le ! (dire bonjour/saluer)
d) Nous allons les .... tout de suite. (dire un mot/prévenir)
e) Ne le .... pas, s'il te plaît ! (consulter/méfier)

■ **EXERCICE 4:** 괄호 안에 주어진 표현을 사용하여 문장을 만드시오.

a) 그에게 질문해라(interroger). → ....
b) 그의 아들은 뽈을 매우 많이(énormément) 닮았다(ressembler à).
→ ....
c) 나는 내 동료들(collègues)에게 감사의 마음을 전한다(remercier).
→ ....
d) 그의 말을(sa parole) 의심하지(se douter de) 맙시다.
→ ....

35 조동사와 양태조동사(auxiliaires modaux)

Règle

- **조동사 être**와 **avoir**는 과거분사와 결합하여 복합시제(복합과거, 대과거, 전미래...)를 형성함. **Être**는 **모든 대명동사**와 자동사 중 **'장소의 이동/상태의 변화'**를 나타내는 동사(aller, venir, entrer, sortir, monter, descendre, arriver, partir, devenir, demeurer, rester, tomber, naître, mourir, décéder, etc.)와 함께 쓰임. **Avoir**는 **모든 타동사**와 **대부분의 자동사** 그리고 **비인칭동사**와 함께 쓰임. être동사도 복합시제에서 avoir를 조동사로 취함.
- **양태조동사는** 의무, 당위, 필요, 추측, 가능성, 허가 등의 다양한 의미를 나타내며 본동사의 부정법(infinitif)형과 함께 쓰임. **vouloir**는 '~하고 싶다'는 희망이나 의지를, **devoir**는 '~해야 된다'는 의무/당위와 '아마 ~일 것이다'는 추측/가정을, **pouvoir**는 '~할 수 있다'는 능력이나 가능성, 또는 '~해도 좋다'는 허가, 또는 '~일 것이다/~일지도 모른다'는 추측의 뜻을 나타낼 수 있음. vouloir, devoir, pouvoir가 문장에 단독으로 나와 본동사적 용법으로 쓰이기도 함.

■ Exemple 1

Il **a** neigé. Pierre **a** mis ses bottes en cuir.

눈이 내렸다. 삐에르가 가죽장화를 신었다.

비인칭 동사 neiger와 타동사 mettre는 복합시제에서 조동사 avoir를 취함.

■ Exemple 2

Pierre **est** venu hier.

삐에르가 어제 왔다.

장소의 이동을 나타내는 자동사 venir는 복합시제에서 조동사 être를 취함.

■ Exemple 3

Il **doit** être midi. Je **dois** partir.

아마 정오가 되었을 것이다. 나는 가 봐야 한다.

양태조동사 devoir의 '추측'의 의미와 '당위/의무'의 의미가 각각 나타나 있음.

■ Exemple 4

Il **peut** pleuvoir. Je **peux** te conduire chez toi.

비가 올 수도 있어. 내가 너네 집까지 태워다 줄 수 있어.

양태조동사 pouvoir의 '가능성'의 의미와 '능력'의 의미가 각각 나타나 있음.

주의! Pouvoir 동사를 주어 je와 함께 단순도치 의문문에 쓸 경우 Peux는 Puis로 대체됨(Puis-je entrer? 들어가도 좋을까요? ; (X) Peux-je entrer ?). 여기서 pouvoir는 '허가'의 의미.

■ **EXERCICE 1: être와 avoir 중 알맞은 조동사를 직설법 현재로 활용해 넣으시오.**

a) Les gendarmes .... frappé le voleur.

b) Sébastien .... oublié ce rendez-vous.

c) Alain et Gilles se .... perdus dans la forêt.

d) Alain .... perdu sa nouvelle montre.

e) Jeanne et moi, nous ne .... pas restés longtemps.

■ **EXERCICE 2: être와 avoir 중 알맞은 조동사를 직설법 현재로 활용해 넣으시오.**

a) Paul .... enfin devenu quelqu'un de célèbre.

b) Fabienne n'...................... pas assisté à la cérémonie.

c) Les habitants .... toujours voulu avoir un stade.

d) Je ne me .... jamais posé la question.

e) Vous .... toujours été aimables avec nous.

■ **EXERCICE 3:** 이탤릭체 동사가 본동사로 쓰였는지 양태조동사로 쓰였는지 적으시오.

a) Marion *veut* commander un café. (...............................)

b) Marion *veut* un café. (...............................)

c) Tu *peux* les convaincre. (...............................)

d) Tu me *dois* 100 euros. (...............................)

e) Tu *dois* préparer ton entretien. (...............................)

■ **EXERCICE 4:** 괄호 안에 주어진 양태조동사를 직설법 현재로 활용해 넣으시오.

a) Ici, chacun est libre de défendre ce qu'il .... vraiment défendre. (vouloir)

b) Le recruteur semble très satisfait. Mon profil .... lui convenir ! (devoir)

c) Nul ne .... ignorer la loi. (devoir)

d) Je vais te prouver que je .... faire cet exercice sans difficulté. (pouvoir)

e) Cette porte ne .... pas s'ouvrir. (vouloir)

36 대명동사

Règle

주어와 동일한 인칭과 수를 나타내는 재귀 보어인칭대명사(=재귀대명사)와 함께 쓰이는 동사.

	1인칭 단수	2인칭 단수	3인칭 단수	3인칭 단수	1인칭 복수	2인칭 복수	3인칭 복수	3인칭 복수
주어	je	tu	il	elle	nous	vous	ils	elles
재귀대명사	**me**	**te**	**se**	**se**	**nous**	**vous**	**se**	**se**

주어가 행한 동작이 주어 자신에게 되돌아 오는 **재귀적** 대명동사(se laver 자신의 몸을 씻다) ; 복수 주어가 행한 행위가 상대방에게 영향을 미치는 **상호적** 대명동사(se disputer 서로 말다툼하다) ; 보통 3인칭 무생물 주어와 쓰여 수동의 의미를 나타내는 **수동적** 대명동사(se vendre 팔리다) ; 그리고 항상 대명동사로만 존재하는 **본질적** 대명동사(s'évanouir 기절하다)로 구분됨.

주의! 재귀대명사(me, te, se...)는 직접목적보어 역할을 할 때도 있고 간접목적보어 역할을 할 때도 있음. 문장에 따로 직·목이 나오는 경우 재귀대명사(me, te, se...)는 간·목의 역할을 함. 대표적인 예로, 문장에 신체 일부를 나타내는 명사가 직·목으로 나올 때 보어인칭대명사(me, te, se...)는 '소유주'의 의미를 지니는 간·목이 됨.

▪ Exemple 1

Je **me lève**. Et toi, tu ne **te lèves** pas ?

나는 일어난다(←내 몸을 일으킨다). 그런데 너는 안 일어나니?

주어가 행한 '몸을 일으키는' 행위가 주어 자신에게 되돌아오므로 se lever는 의미상 재귀적 대명동사임. 이 문장에서 me와 te는 대명동사의 직·목.

▪ Exemple 2

Je **me lave** les cheveux. 나는 머리를 감는다.

이 문장에서 les cheveux(머리카락)이 직·목으로 따로 나왔으므로 me는 간·목임.

주의! (X) Je lave mes cheveux.라고는 하지 않음.

▪ Exemple 3

Les jeunes couples **se chamaillent** souvent.

젊은 부부들은 서로 자주 말다툼을 한다.

se chamailler는 복수 주어와 쓰이는 상호적 대명동사.

▪ Exemple 4

Marion **s'évanouit** trop facilement. 마리용은 너무 잘(←쉽게) 기절한다.

동사 s'évanouir는 '기절하다'라는 뜻의 본질적 대명동사.

■ **EXERCICE 1:** 이탤릭체 동사가 대명동사로 쓰였는지 타동사로 쓰였는지 적으시오.

a) Juliette *promène* son chien chaque matin. (..............................)
b) Juliette aime bien se *promener*. (..............................)
c) Julien *lave* la vaisselle. (..............................)
d) Nous *embrassons* les filles sur les joues. (..............................)
e) Nous nous *embrassons* avec joie. (..............................)

■ **EXERCICE 2:** 이탤릭체 대명동사가 재귀적, 상호적, 수동적, 본질적 용법 중 무슨 용법으로 쓰였는지 적으시오.

a) Le voleur *s'enfuit* par la fenêtre. (..............................)
b) C'est la fête ! Les verres *se vident et se remplissent*. (........................)
c) Les garçons *se battent* violemment. (..............................)
d) L'actrice *se démaquille* après le spectacle. (..............................)
e) Ils *s'embrassent* les uns les autres. (..............................)

■ **EXERCICE 3:** 대명동사와 함께 쓰인 보어인칭대명사 **se**가 직접목적보어인지 간접목적보어인지 적으시오.

a) Juliette *se* fume une cigarette. (..............................)
b) Emma *se* souvient de cette affaire. (..............................)
c) Julien *se* lave les pieds. (..............................)
d) Les billets *s'*arrachent pour ce concert. (..............................)
e) Elle *se* demande quand ils reviendront. (..............................)

■ **EXERCICE 4:** 괄호 안에 주어진 표현을 사용하여 문장을 만드시오.

a) 쟝(Jean)은 팔짱(bras)을 낀다(croiser). → ....
b) 쟝(Jean)은 머리(tête)를 긁적였다(gratter). → ....

37 비인칭 동사

Règle

비인칭 주어 Il과 함께 쓰이는 동사. 비인칭 주어 Il은 문장에서 아무 의미도 없는 형식 주어임. 기후, 기상 상태를 나타내는 동사(neiger, pleuvoir...)나 falloir(~해야 한다)와 같은 **본래적 비인칭 동사**도 있고, 보통은 인칭동사로 쓰이나 일부 비인칭 구문에도 나올 수 동사(être, faire, sembler, valoir...)도 있음. 후자의 경우, Il은 **가주어**, 명사구나 'de + 부정법'이나 'que 종속절'은 **진주어**임.

- 구어체에서 **Ça** [=Cela] 역시 비인칭 주어 Il처럼 쓰일 수 있음. 단, 명사구나 de + 부정법(절)이나 que 종속절인 진주어가 문장 앞으로 나가고, 이를 다시 대명사로 받아 줄 경우, **il**은 쓸 수 없고 **ça**만 쓸 수 있음.

■ Exemple 1

Il neige beaucoup cette année. **Il faut** conduire avec prudence.

올해 눈이 많이 내린다. 주의해서 운전해야 한다.

기후나 기상을 나타내는 본래적 비인칭 동사(neiger)와 '~해야 한다'는 관용구인 falloir 비인칭 동사(Il faut~)가 비인칭 주어 Il 과 함께 쓰임.

■ Exemple 2

Il fait beau cet hiver.

올 겨울에 날씨가 화창하다.

보통은 인칭동사로 사용되는 faire동사가 기상 상태를 나타내는 관용구를 형성하며 비인칭 동사로 사용됨.

■ Exemple 3

Il semble que personne ne le croie.

아무도 그의 말을 믿지 않는 것 같다.

Il semble que~(~인 것 같다, ~처럼 보인다) 관용구에서 'que 종속절'이 진주어이고 Il은 가주어임. Il semble que~ 구문에서 'que 종속절' 동사는 접속법으로 써 줌(croie는 croire의 3인칭 단수 접속법 현재형).

■ Exemple 4

Ça arrive parfois que le métro tombe en panne.

지하철이 고장 나는 일은 종종 있는 일이다.

여기서 Ça는 가주어, que 이하 절은 진주어임. 'Il arrive parfois que le métro tombe en panne.'로 써도 됨.

Que le métro tombe en panne, **ça arrive** parfois.

지하철이 고장 나는 일, 그것은 종종 있는 일이다

진주어 que 절이 문장 앞으로 나가면 그 뒤에 가주어로 il은 쓰지 못하며, ça를 써 주어 앞의 절을 받음.

■ **EXERCICE 1:** 다음 문장이 인칭 구문인지 비인칭 구문인지 적으시오.

a) Il m'arrive de prendre du thé. (...............................)
b) Il se passe des choses louches. (...............................)
c) Il se passe de mon aide. (...............................)
d) Une réforme est inévitable. (...............................)
e) Il est inévitable de faire une réforme. (...............................)

■ **EXERCICE 2:** 주어진 문장을 유사한 의미의 비인칭 수동태 구문으로 만드시오.

a) On interdit de fumer dans cette salle.
→ .... de fumer dans cette salle.
b) On nous recommande de partir suffisamment tôt.
→ .... de partir suffisamment tôt.
c) On permet d'avoir une tenue décontractée.
→ .... d'avoir une tenue décontractée.

■ **EXERCICE 3:** 다음 중 알맞은 비인칭 구문으로 문장을 완성하시오.

Il s'agit de~, Il reste~, Il manque~, Il semble~, Il faut~, Il est temps de~

a) Il est presque minuit. .... partir.
b) Je vous assure que c'est faux. ....une rumeur.
c) .... évident qu'elle sera élue présidente.
d) Cet endroit fait peur. .... beaucoup de courage pour y aller.
e) Ils ont très faim, mais .... ne .... qu'une petite miette.

■ **EXERCICE 4:** **Il**과 **Ça** 중 알맞은 주어로 문장을 완성하시오.

a) .... est vrai que Paul mérite ce succès.
b) Que Paul mérite ce succès, ... c'est vrai.
c) .... fait moins 20 degrés.
d) .... s'est bien refroidi !
e) Se tromper, ... arrive à tout le monde.

38 사역동사

Règle

사역동사 **faire**(~을 하게 하다)와 방임형 동사 **laisser**(~을 하도록 내버려 두다)는 부정법절(infinitive)을 보어로 취할 수 있음. 단, faire나 laisser의 보어인 **부정법절의 동사**가 자동사인지 타동사인지, 그리고 **부정법 주어**가 명사인지 대명사인지에 따라 문장의 구조와 어순 등에서 차이를 보임.

〈**faire** 동사〉

	〈부정법 동사가 **자동사**〉	〈부정법 동사가 **타동사**〉
부정법 주어가 명사	Je *fais* **venir** l'étudiant 나는 학생이 오도록 한다 주어와 부정법 동사가 **도치됨**.	Je *fais* **faire** ses devoirs à l'étudiant. 나는 학생에게 숙제를 하게 한다. 주어 앞에 전치사 à를 써 줌.
부정법 주어가 대명사	Je le *fais* **venir**. 나는 그가 오도록 한다 주어를 faire 동사 앞에 **직·목** 형태로 써 줌.	Je lui *fais* **faire** ses devoirs. 나는 그에게 숙제를 하게 한다. 주어를 faire 동사 앞에 **간·목** 형태로 써 줌.

〈**laisser** 동사〉

	〈부정법 동사가 **자동사**〉	〈부정법 동사가 **타동사**〉
부정법 주어가 명사	Je *laisse* l'étudiant **venir**. 나는 학생이 오도록 내버려 둔다. 주어를 부정법 동사 앞에 써 줌.	Je *laisse* l'étudiant **faire** ses devoirs. 나는 학생이 숙제를 하게 내버려 둔다. 주어를 부정법 동사 앞에 전치사 없이 써 줌.
부정법 주어가 대명사	Je le *laisse* **venir**. 나는 그가 오도록 내버려 둔다. 주어를 laisser 동사 앞에 **직·목** 형태로 써 줌.	Je le *laisse* **faire** ses devoirs. 나는 그가 숙제를 하게 내버려 둔다. 주어를 laisser 동사 앞에 **직·목** 형태로 써 줌.

주의! '~하게 만들다'는 의미를 나타내는 동사로 **rendre** 동사도 있음. rendre는 'rendre+qqn+Adj'의 구조를 지님(*Paul rend ses parents heureux.* 뽈은 부모님을 행복하게 만든다).

▪ Exemple 1

Je **fais sortir** l'élève insolent. 나는 버릇없는 학생을 나가도록 한다.

faire 다음에 나오는 부정법 자동사 sortir를 그 의미상 명사구 주어 l'élève insolent과 도치시켜 주었음. 반면, laisser를 썼을 경우에는 도치시켜 주지 않음(Je laisse l'élève insolent sortir).

▪ Exemple 2

Le professeur **fait réciter le poème à Vincent.** 선생님이 뱅쌍에게 시를 낭송하게 하신다.

사역동사 faire 뒤에 나오는 부정법 동사가 타동사이므로(réciter) 부정법 동사의 명사 주어(Vincent) 앞에 전치사 à를 써 주었음. 위 예문에서 부정법 동사의 주어를 대명사화하면 'Le professeur **lui** fait réciter le poème'이 되고(lui= à Vincent), 부정법 동사의 목적보어를 대명사화하면 'Le professeur **le** fait réciter à Vincent'이 됨(le= le poème).

■ **EXERCICE 1: faire(~하게 만들다)와 rendre(~하게 만들다)** 중 알맞은 동사를 골라 직설법 현재로 채워 넣으시오.

a) L'alcool la .... rire.

b) L'alcool la .... gaie.

c) Cette nouvelle nous .... tout heureux.

d) Les somnifères .... dormir.

e) L'électricité .... la vie plus facile.

■ **EXERCICE 2:** 앞의 문장을 뒤 문장에 적절히 삽입하시오.

a) L'oiseau s'envole. → Mathieu laisse ....

b) Les étudiants travaillent en tandem. → Le professeur laisse ....

c) Les filles jouent dans la cour. → Je laisse ....

d) Le vin fermente à la cave. → Ils laissent ....

e) Le vendeur s'en va. → Le patron laisse ....

■ **EXERCICE 3:** 앞의 문장을 뒤 문장에 적절히 삽입하시오.

a) Le curé vient. → Les mariés font ....

b) Les cheveux poussent. → Cette crème fait ....

c) L'enfant mange sa soupe. → Je fais ....

d) Jean apprend la leçon. → Le professeur fait ....

e) Claire fait les courses. → Sa mère fait ....

■ **EXERCICE 4:** 괄호 안의 동사를 직설법 현재로 활용하고 이탤릭체 부분을 부정법절의 대명사 주어로 만들어 앞 문장을 뒤 문장에 적절히 삽입하시오.

a) *Le curé* vient. → Les mariés .... (faire)

b) *Les cheveux* poussent. → Cette crème .... (faire)

c) Jean apprend *la leçon*. → Le professeur....................................... (faire)

d) *Les enfants* regardent la télévision. → Je .... (laisser)

e) *Claire* fait les courses. → Sa mère .... (laisser)

39 능동태와 수동태 *être + p.p.*

Règle

능동태는 주어가 동작의 주체가 되는 동사형태이고 **수동태**는 주어가 동작을 받는 동사형태임. 수동태는 능동태로부터 **'être + p.p.'**의 형태로 형성하며 수동태 형성에 사용된 과거분사(p.p.)는 주어와 성·수일치함. 프랑스어에서는 **직접타동사만** 수동태 구문에 쓰일 수 있음. 수동문에서 **동작주보어**(=의미상 동작의 주체)는 par나 de로 유도됨. 구체적, 일시적 동작이나 특별한 행위를 기술하는 동사의 p.p.에는 **par**를, 감정이나 생각 등을 표현하는 동사의 p.p.(admiré, adoré, aimé, apprécié, craint, connu, estimé, respecté...), 또는 지속적인 상태를 나타내는 동사의 p.p.(accompagné, décoré, garni, rempli...)에는 **de**를 써 줌.

■ Exemple 1

Pierre **attaque** Jacqueline. 삐에르가 쟈끌린을 공격한다

Jacqueline **est attaquée par** Pierre. 쟈끌린이 삐에르에게 공격 당한다

수동태에서 과거분사 attaqué는 주어 Jacqueline과 성·수일치시켜 주었음(attaquée).

구체적, 일시적인 행위를 표현하는 동사 attaquer의 수동태에서 동작주보어 앞에 전치사 par를 써 줌.

■ Exemple 2

Tout le monde **respecte** ce penseur.

모든 사람이 그 사상가를 존경한다.

Ce penseur **est respecté de** tout le monde.

그 사상가는 모든 사람으로부터 존경 받는다.

사람의 감정을 표현하는 수동태형(est respecté)에서 동작주보어(tout le monde) 앞에 전치사 de를 써 줌.

■ Exemple 3

Ce penseur **sera** respecté de tout le monde.

그 사상가는 모든 사람으로부터 존경 받을 것이다.

Ce penseur **a été** respecté de tout le monde.

그 사상가는 모든 사람으로부터 존경 받았다.

수동문에서 시제는 첫 번째 동사적 요소에 표시되어 각각 단순미래(sera)와 복합과거(a été)를 나타냄.

■ Exemple 4

On **vend** ce tissu très cher. (사람들이) 이 천을 비싸게 판다.

Ce tissu **est vendu** très cher. 이 천은 비싸게 팔린다.

On이 주어로 나오는 능동문이 수동문으로 전환될 때 On은 흔히 생략됨.

■ **EXERCICE 1:** 능동문으로부터 수동문을 만드시오.

a) Le serveur lui proposera un autre menu.

→ ....

b) La directrice réunit souvent les employés.

→ ....

c) On fermera les magasins ce mercredi.

→ ....

■ **EXERCICE 2:** 수동문으로부터 능동문을 만드시오.

a) Beaucoup de jeunes talents ont été découverts par cette émission.

→ ....

b) Le nouveau bâtiment sera construit par cette société française.

→ ....

c) Ces événements culturels sont organisés par l'Ambassade de France.

→ ....

■ **EXERCICE 3:** **de**와 **par** 중 알맞은 전치사를 동작주보어 앞에 넣으시오.

a) Cet homme est connu .... tous.

b) La ville a été détruite .... les bombardements.

c) Le président est apprécié .... tout le monde.

d) Ce débat national a été déclenché .... cet homme.

e) La chambre est joliment décorée .... fleurs.

■ **EXERCICE 4:** 이탤릭체 부분을 수동태로 전환하여 문장을 완성하시오.

a) C'est vous qui *dirigez ce travail* ?

→ Non, il .... par un de mes collaborateurs.

b) C'est vous qui *avez posté ces lettres* ?

→ Non, elles .... par ma secrétaire.

d) C'est lui qui *nous recevra* ?

→ Non, nous .... par le directeur.

40 복합과거

Règle

'**조동사 + p.p.**'의 형태로 **과거에 완료된 사건**을 표현할 때 사용됨. 조동사 **être**는 모든 대명동사와 자동사 중 '장소의 이동/상태의 변화'를 나타내는 동사(aller, venir, entrer, sortir, monter, descendre, arriver, partir, devenir, demeurer, rester, tomber, naître, mourir, décéder, etc.)와 함께 쓰임. 조동사 **avoir**는 모든 타동사와 대부분의 자동사 그리고 비인칭동사와 함께 쓰임.

주의! 어떤 한 동사가 **때로는 자동사적으로 때로는 타동사적으로 사용**되므로, 문장 구성요소를 살펴 동사의 성격을 파악한 후 être와 avoir 중 적절한 조동사를 선택해야 함.

- 조동사 être와 쓰여 복합시제를 만드는 과거분사는 주어의 성·수에 늘 일치함. 조동사 avoir와 복합시제를 만드는 과거분사는 주어와 성·수일치하지 않음. 단, 과거분사에 의미상 걸리는 직접목적보어가 'avoir + p.p.' 앞에 놓이는 경우 앞의 직·목과 p.p.를 성·수 일치시켜줌.

■ Exemple 1

Paul **est arrivé** à l'instant.

뽈이 방금 도착했다.

왕래발착 동사인 자동사 arriver가 과거분사형(arrivé)으로 변했고 조동사 être를 취했음.

■ Exemple 2

Marie **est rentrée** tard hier. Elle **a rentré** sa voiture au garage quand même.

마리는 어제 늦게 귀가했다. 그래도 그녀는 차를 차고에 들여 놓았다.

rentrer가 '귀가하다' 의 뜻을 갖는 장소이동 동사로 쓰일 때는 조동사 être와 함께 복합과거를 형성하고 '~을 어디에 들여다 놓다'라는 타동사로 쓰일 때는 조동사 avoir와 함께 복합과거를 형성함.

■ Exemple 3

Elle **s'est** déjà **réveillée**.

그녀는 벌써 잠에서 깨어났다.

모든 대명동사는 복합시제에서 조동사 être와 함께 쓰이며 이때 동사의 과거분사(p.p.)는, se가 직접목적보어일 경우, 주어와 성·수일치함(réveillée).

■ Exemple 4

Nous **nous sommes lavé** les pieds.

우리는 (우리 자신의) 발을 씻었다.

se laver(자신을 씻다) 동사의 직·목인 les pieds(발)이 따로 존재하므로, se는 여기서 간접목적보어임. se가 간접목적보어일 경우 p.p.는 주어와 성·수일치하지 않음(lavé).

■ **EXERCICE 1:** 괄호 안의 동사를 복합과거로 채워 넣으시오.

a) Nous .... une pizza. (manger)
b) Il .... son chien. (promener)
c) Elles .... au 3e étage. (monter)
d) Sa mère lui .... le dîner dans sa chambre. (monter)
e) Nous .... aux Champs-Elysées. (se rendre)

■ **EXERCICE 2:** 이탤릭체 동사를 복합과거로 채워 넣으시오.

a) Elle *s'oppose* à cette proposition. → Elle .... à cette proposition.
b) Nous *nous habituons* au quartier. → Nous .... au quartier.
c) Ma cousine *se perd* dans la forêt. → Ma cousine .... dans la forêt.
d) Paul et Claire *s'aiment* à la folie. → Paul et Claire................. à la folie.
e) La conférence *se tient* dans cette salle. → La conférence .... dans cette salle.

■ **EXERCICE 3:** 이탤릭체 동사를 복합과거로 바꾸어 문장을 다시 쓰시오.

a) Tu *t'endors*. → ....
b) *Habites*-tu en Belgique? → ....
c) Je *m'aperçois* de mon erreur. → ....
d) Marie et Claire *les regardent*. → ....
e) Ses livres *se vendent* bien. → ....

■ **EXERCICE 4:** 괄호 안의 동사를 복합과거로 채워 넣으시오.

a) Elle ne va pas à la piscine aujourd'hui ?
– Non, elle y .... déjà .... hier. (aller)
b) Vous jouez au tennis aujourd'hui ?
– Non, nous y .... déjà .... hier. (jouer)
c) Tu fais les soldes aujourd'hui ?
– Non, je les .... déjà .... hier. (faire)
d) Ils en parlent aujourd'hui ? – Non, ils en .... déjà .... hier. (parler)
e) On se voit aujourd'hui ? – Non, on s' .... déjà .... hier. (voir)

41 반과거

Règle

과거에 진행중인 사건을 묘사하거나 상태를 표현할 때, 또는 **과거의 반복적인 행위나 습관을 표현**할 때 사용됨. 반과거 시제의 어간은 직설법 현재에서 **nous를 주어로 하는 동사활용에서 어미를 제외하고 남은 부분을 어간으로** 취함. 이 어간에 아래와 같은 **반과거 어미**를 붙여 반과거 시제를 형성함 :

je	tu	il	elle	nous	vous	ils	elles
-ais	**-ais**	**-ait**	**-ait**	**-ions**	**-iez**	**-aient**	**-aient**

aller의 반과거 : nous allons(직설법 현재) ⇒ 반과거 어간은 **all-** ;
j'all**ais**, tu all**ais**, il all**ait**, elle all**ait**, nous all**ions**, vous all**iez**, ils all**aient**, elles all**aient**

- 〈복합과거와 반과거〉
  과거에 완료된 사건을 표현할 때 복합과거를 쓰고 과거에 진행 중이던 행위나 상태를 기술할 때는 반과거를 쓰므로 두 시제를 함께 사용하여 과거의 일을 서술할 경우 일반적으로 반과거는 이야기의 뒤 배경이 되는 내용을, 복합과거는 그 배경을 바탕으로 벌어진 중심 사건을 표현하는 데 쓰임.
- **'Si + 동사의 반과거'** 구문은 제안을 나타낼 때 씀.

▪ Exemple 1

A l'époque, j'**étais** très jeune.
그 시절 나는 아주 젊었다.
과거의 상태를 표현할 때 반과거 시제를 씀.

▪ Exemple 2

Chaque dimanche, nous **allions** à l'église.
일요일마다 우리는 교회에 갔다(가곤 했다).
과거의 반복적인 행위를 표현할 때도 반과거 시제를 씀.

▪ Exemple 3

Il **a sonné** quand je **dormais**.
내가 자고 있을 때 그가 초인종을 눌렀다.
과거에 진행 중이던 '내가 자고 있던' 행위는 어떤 **이야기의 배경을** 기술하므로 반과거(dormais)를 썼고, '그가 초인종을 누른' 행위는 그 배경을 바탕으로 일어난 일회적 **중심 사건/행위**이므로 복합과거(a sonné)를 썼음.

▪ Exemple 4

Si nous **organisions** une grande fête ? 우리 성대한 파티를 열면 어떨까?
'Si... + 반과거' 구문은 제안을 나타냄.

■ **EXERCICE 1:** 괄호 안의 동사를 반과거로 채워 넣으시오.

a) Nous .... un film tous les week-ends. (regarder)
b) Il .... chaque fois. (recommencer)
c) Anne .... de bonne heure tous les matins. (se lever)
d) A l'époque, les gens .... beaucoup plus. (marcher)

■ **EXERCICE 2:** 괄호 안의 동사를 주어진 순서대로 복합과거나 반과거 중 알맞은 시제로 채워 넣으시오.

a) Ce matin, il .... beau, mais le temps .... tout à coup. (faire-changer)
b) Il .... vers minuit. Il .... très fatigué. (venir-être)
c) Je .... dans le salon. Soudain, j'...................... un grand bruit. (se reposer-entendre)
d) Ils .... dans le train. Tout à coup, le train .... (être-s'arrêter)

■ **EXERCICE 3:** 괄호 안의 동사를 주어진 순서대로 복합과거나 반과거 중 알맞은 시제로 채워 넣으시오.

a) D'habitude, elle y .... en voiture, mais hier, elle y .... en métro. (aller-aller)
b) Il .... beaucoup lorsqu'il nous .... (pleuvoir-téléphoner)
c) Ce jour-là, nous nous .... à 13h et nous .... pendant 3 heures. (se rencontrer-discuter)
d) Quand je .... ce matin, il .... froid. (se réveiller-faire)

■ **EXERCICE 4:** '**Si...**+반과거' 형태로 제안문을 만드시오.

a) Parler de soi maintenant → Si tu .... ?
b) Finir ses devoirs d'abord → Si vous .... ?
c) Passer la journée à se reposer → Si nous .... ?
d) Acheter une voiture électrique → Si on .... ?

42 단순미래와 근접미래

Règle

- **단순미래**는 '**동사 원형 + 단순미래 어미**'의 형태이며, 미래 어미는 주어에 따라 아래와 같음 :

je	tu	il	elle	nous	vous	ils	elles
-ai	**-as**	**-a**	**-a**	**-ons**	**-ez**	**-ont**	**-ont**

  일반적으로 화행시점(= 화자가 말을 하는 시점)과 단절이 있는 미래 행위나 상태를 기술할 때 써 줌.
- 근접미래는 '**aller의 직설법현재 + 동사원형**'의 형태로서, 비교적 가까운 미래에 일어날 뿐 아니라 말하는 시점과 단절 없이 자연스럽게 이어지는 미래의 행위나 상태를 표현함.
  근접미래와 단순미래의 차이는 단순히 '가깝고 멀고'의 차이라기 보다는 '화행시점과의 연결성/단절성'이 중요한 구분 기준임.

■ Exemple 1

Je **vais dormir**.

나 잘 거야.

예를 들어 화자가 자러 가려 의도한 순간에, 또는 실제로 자러 가면서 이 말을 건넸다면 자연스러운 맥락임. 그와 같은 경우 미래의 '자는 행위'는 화행시점과 단절 없이 연결됨.

■ Exemple 2

Tu **fumeras** une fois majeur si tu veux, pas maintenant !

원한다면 성년이 되거든 담배를 피워라, 지금은 말고!

예를 들어 15살 된 아들이 몰래 담배 피우는 것을 발견한 아버지가 아들을 꾸짖으면서 이 말을 건넸다면 자연스러움. 아버지가 말을 건네는 화행시점과 아들이 실제로 '성년이 되어 담배 피우는' 시점 사이에는 다른 많은 행위들이 끼어들어 두 시점이 단절될 가능성이 높음.

■ Exemple 3

Si tu continues, je **vais me fâcher** ! 너 계속 그러면 나 화낸다!

상대방이 '계속 그러는' 행위와 화자가 '화를 내는' 행위가 단절 없이 이어질 가능성이 높으므로 이 맥락에서는 미래시제보다 근접미래가 자연스러움.

■ Exemple 4

Je **t'appellerai** samedi matin. 내가 토요일 아침에 전화할게!

예를 들어 말하는 시점이 화요일이라면, 화요일과 토요일 사이에는 다른 행위가 끼어들 여지가 많으므로 이 맥락에서는 근접미래보다 단순미래를 쓰는 것이 자연스러움.

- **EXERCICE 1:** 괄호 안의 동사를 단순미래로 채워 넣으시오.

a) Je suis assez prise aujourd'hui, mais demain, je .... libre. (être)
b) Quand tu seras riche, tu .... la possibilité de voyager. (avoir)
c) Nous viendrons vous voir dès que nous .... (pouvoir)
d) Il est encore inconnu, mais demain, il .... célèbre. (être)
e) Ils .... une nouvelle voiture dès qu'ils l'auront décidé. (acheter)

- **EXERCICE 2:** 괄호 안의 동사를 단순미래로 채워 넣으시오.

a) S'ils sont en retard, nous .... prendre le taxi. (devoir)
b) Vous le .... certainement ce soir. (voir)
c) Si vous l'écoutez bien, vous .... la vérité. (savoir)
d) Pour commencer mon voyage, j'.................. d'abord en France. (aller)
e) Si j'ai oublié quelque chose, il me l'.................. par la poste. (envoyer)

- **EXERCICE 3:** 단순미래 시제로 문장을 다시 쓰시오.

a) Il faut rester optimiste. → ....
b) Les garçons courent très vite. → ....
c) Les habitants meurent de faim. → ....
d) Ils construisent un nouveau barrage. → ....
e) Cette machine permet de gagner du temps. → ....

- **EXERCICE 4:** 아래와 같은 상황에서 **(i)** 문장과 **(ii)** 문장 중 어느 문장이 자연스러운지 고르시오.

a) A가 집에 놀러 온 B에게 앉으라고 권하며 커피를 끓이러 가면서 :
→ (.........................)
i) Assieds-toi, je vais préparer le café./ ii) Assieds-toi, je préparerai le café.

b) A와 B는 밤늦게 끝나는 콘서트를 보았다. 지하철이 끊기기 전에 서둘러 가야 한다며 저녁 식사는 같이 못 할 것 같다는 B에게 A가 식사 후 집까지 차로 태워주겠다고 말한다 : → (.........................)
i) Je vais te déposer chez toi./ ii) Je te déposerai chez toi.

43 전미래와 대과거

Règle

- **전미래**는 **'조동사의 단순미래 + p.p.'**의 형태이며, 미래의 어느 시점을 기준으로 그에 앞서 실행되고 완료된 다른 미래의 사실을 이야기할 때 써 줌.
- **대과거**는 **'조동사의 반과거 + p.p.'**의 형태이며, 과거의 어느 시점을 기준으로 그에 앞서 이미 실행되고 완료된 또 다른 과거의 동작이나 사실을 묘사할 때 써 줌.
  주절 동사의 시제가 과거일 때 종속절에 쓰인 대과거는 '과거 속의 과거'의 의미를 나타냄.
  N.B. 동사의 조동사 선택 규칙과 p.p.의 성·수일치 규칙은 복합과거에서와 동일함.

■ Exemple 1

Ils partiront lorsqu'ils **auront terminé** le travail.

그들은 그 일을 다 끝마친 다음 떠날 것이다.

둘 다 미래에 일어날 동작이나, '일을 끝내는' 동작이 '떠나는' 동작에 선행하므로, 전자에는 전미래(auront terminé...)를 후자에는 미래시제(partiront)를 써 주었음.

■ Exemple 2

Dans deux heures, le débat **aura** déjà **démarré**.

두 시간 후엔 이미 토론이 시작되어 있을 것이다.

'두 시간 후'라는 미래의 어느 시점을 기준으로 '토론이 이미 시작된' 상태, 즉 '토론이 시작된 것이 완료된' 상태임을 나타내기 위해 전미래(aura démarré)를 써 주었음.

■ Exemple 3

J'ai vraiment adoré le film que vous m'**aviez recommandé**.

추천해 주신 영화를 정말 재미있게 봤습니다.

둘 다 과거에 일어난 일이나, '당신이 영화를 추천해 준 것'이 '내가 영화를 재미있게 본 것'에 선행하므로 전자에는 대과거(m'aviez recommandé)를 후자에는 복합과거(ai adoré)를 써 주었음. 여기서 que절은 명사를 수식하는 관계절.

■ Exemple 4

Claire m'a dit qu'elle **avait aperçu** Pierre au marché.

끌레느는 시장에서 삐에르를 얼핏 보았다고 내게 말했다.

둘 다 과거에 일어난 일이나, 끌레르가 '삐에르를 본 것'이 '내게 그 말을 한 행위'에 선행하므로 전자에는 대과거(avait aperçu)를 후자에는 복합과거(m'a dit)를 써 주었음. 여기서 que절은 동사의 보어절.

■ **EXERCICE 1:** 괄호 안의 동사를 전미래로 채워 넣으시오.

a) Jeanne rentrera en taxi lorsqu'elle .... ses achats. (terminer)
b) Il .... dans un mois. (partir)
c) Vous .... vos nouvelles fonctions lundi matin. (prendre)
d) On mangera la soupe que j'................................ (réchauffer)
e) Avant sa publication, elles .... ce manuscrit trois fois. (lire)

■ **EXERCICE 2:** 괄호 안의 동사를 전미래로 채워 넣으시오.

a) Il nous apprendra ce qu'il .... (découvrir)
b) Je mangerai un morceau de gâteau qu'elle nous .... (servir)
c) Lorsqu'elle .... son livre, elle se mettra aussitôt à en écrire un autre. (achever)
d) Après que Jean nous ...., ses amis viendront nous dire bonjour. (saluer)
e) Il dira que ses pommes .... (être récolté)

■ **EXERCICE 3:** 괄호 안의 동사를 대과거로 채워 넣으시오.

a) Il nous a transmis les informations qu'il .... (obtenir)
b) J'ai mangé un morceau de gâteau qu'elle nous .... (offrir)
c) Marion a retrouvé son chat qui .... (se perdre)
d) Jean a cru que Pierre .... voir Marie. (aller)
e) Après qu'elle .... son livre, elle s'était aussitôt mise à en écrire un autre. (achever)

■ **EXERCICE 4:** 괄호 안의 동사를 대과거로 채워 넣으시오.

a) J'ai perdu mes lunettes. Et si je les .... au bureau ? (laisser)
b) Marion était en retard. Et si elle .... le train ? (manquer)
c) Leur téléphone ne répondait pas. Et s'ils .... en vacances ? (partir)
d) J'ai prononcé mon discours que j'............................ la veille. (préparer)
e) J'ai reçu l'étudiante qui m'.................................. (être recommandé)

44 현재분사와 제롱디프(gérondif)

Règle

• 현재분사는 **주어 nous와 직설법 현재로 활용한 동사형의 어간**을 어간으로 취하며 그 어간에 **현재분사 어미** -**ant**를 붙여 만듦(nous **chant**ons ; **chant- + -ant** → ***chantant***).
현재분사는 이유, 원인, 조건, 양보 등의 다양한 의미를 표현할 수 있음. 현재분사의 주어는 주동사 주어와 동일한 경우가 많으나, 다른 경우도 있음.

• 제롱디프(gérondif)는 '**en + 현재분사**'의 형태로 만듦. 일반적으로 동사를 수식하면서 '동시성'이나 수단, 방법을 표현하는 경우가 많으나 그 밖에도 원인, 조건, 양보, 대립 등의 의미를 다양하게 나타내기도 함.

주의! 제롱디프의 주어는 본동사의 주어와 항상 동일해야 함.

■ Exemple 1

J'ai aperçu un garçon **courant vers le cinéma**.

나는 영화관 쪽으로 달려가는 한 소년을 보았다.

현재분사절 courant vers le cinéma가 garçon(소년)을 꾸며주면서 관계대명사절과 유사한 기능을 하였음(J'ai aperçu un garçon **qui courait vers le cinéma**).

■ Exemple 2

Ne voulant pas rentrer trop tard, il a pris le taxi.

너무 늦게 귀가하고 싶지 않아서 그는 택시를 탔다(← 너무 늦게 귀가하고 싶지 않은 그는 택시를 탔다)

현재분사절이 이유를 나타내는 종속절(Comme il ne voulait pas...)과 유사한 의미를 압축적으로 표현하였음.

■ Exemple 3

Michèle, c'est une femme charmante **sachant très bien ce qu'elle veut**.

미셸은 자신이 원하는 게 무엇인지 잘 알고 있는, 매력적인 여성이다.

동사 charmer에서 파생된 형용사 charmant은 꾸며주는 명사 femme(여성단수)에 성·수 일치하였으나(charmante), 현재분사 sachant은 꾸며주는 명사 femme에 성·수 일치하지 않고 불변함.

■ Exemple 4

En rencontrant ses habitants, on comprend mieux un pays.

그 나라 사람들을 만나면서 우리는 어떤 나라를 더 잘 이해할 수 있다.

제롱디프 En rencontrant ses habitants이 '수단'이나 '방법'을 나타내는 부사적 용법으로 주동사를 꾸며주었음.

▪ **EXERCICE 1:** 이탤릭체 표현이 현재분사인지 형용사인지 적으시오.

a) Une maman *aimant* ses enfants sait ce qu'il leur faut. (............................)
b) Regarde cet enfant *obéissant* à son père. (...............................)
c) C'est un argument *déterminant* pour les convaincre. (............................)
d) Vincent ne *se montrant* toujours pas, nous avons commencé sans lui. (............................)
e) Carole semble bien *obéissante*. (..............................)

▪ **EXERCICE 2:** 이탤릭체 부분을 유사한 의미의 현재분사 구문으로 바꾸어 쓰시오.

a) *Cette fille en train de monter dans la voiture* est ma fiancée.
→ .... est ma fiancée.
b) *Cet homme en train de fumer une cigarette* est mon voisin.
→ .... est mon voisin.
c) *Ce chien qui court après le ballon* est le mien.
→ .... est le mien.
d) Le TGV est *un train qui peut dépasser 320 km/h*.
→ Le TGV est ....

▪ **EXERCICE 3:** 이탤릭체 부분을 유사한 의미의 현재분사 구문으로 바꾸어 쓰시오.

a) Le concert est annulé *car le musicien s'est blessé*.
→ .... le concert est annulé.
b) *Comme la nuit tombait,* nous avons décidé de rentrer.
→ .... nous avons décidé de rentrer.
c) Ils se connaissaient très bien *car ils avaient souvent travaillé ensemble*.
→ Ils se connaissaient très bien ....

▪ **EXERCICE 4:** 이탤릭체 부분을 유사한 의미의 제롱디프 구문으로 바꾸어 문장을 다시 쓰시오.

a) *Nous nous promenons et* nous bavardons. → ....
b) Il regarde le film *et il mange une pizza*. → ....
c) *Si on monte là-haut*, on peut apercevoir l'église. → ....

45 과거분사(p.p.)

Règle

- 1군 동사의 p.p.는 규칙적으로 '**어간 + -é**'의 형태(chant**é**)이며, 2군 동사의 p.p.는 **어미 -i**로 끝나고(chois**i**), 3군 동사의 p.p.는 동사에 따라 **-i, -s, -t, -u** 등으로 끝나는 다양한 형태가 있음(fin**i**, acqui**s**, offer**t**, rend**u**). 과거분사는 본동사보다 먼저 완료된 사실을 묘사하며, 조동사와 함께 복합시제를 형성하거나 종종 조동사 없이 독립적으로 쓰이기도 함. 때로는 주동사 주어와 독립된 주어를 취하기도 함.
- **조동사 être**와 쓰여 복합시제를 만드는 과거분사는 **주어의 성·수**에 늘 일치함. **수동태**를 만드는 être와 쓰인 과거분사 역시 항상 주어의 성·수에 일치함.
- **조동사 avoir**와 복합시제를 만드는 과거분사는 주어와 성·수일치하지 않음. 단, 과거분사에 의미상 걸리는 **직접목적보어**가 '**avoir + p.p.**' **앞에 놓이는 경우 앞의 직·목과 p.p.를 성·수 일치**시켜줌.

  N.B. 상기한 과거분사 일치 규칙은, 동일한 규칙이 복합과거, 전미래, 대과거, 조건법 과거 등 모든 복합시제에서 유효함.

■ Exemple 1

J'aime beaucoup ce sac **fabriqué** en Italie.

나는 이탈리아에서 만든 이 가방을 좋아한다.

과거분사(fabriqué)는 앞의 명사(sac)를 꾸며주면서 주동사(aime)보다 먼저 완료된 사실을 묘사함.

■ Exemple 2

Les rapports, elle **les** a déjà **finis**.

보고서를, 그녀는 이미 끝마쳤다.

조동사 avoir와 과거분사 fini가 함께 복합과거를 형성하였음. 여기서 의미상 동사 finir에 걸리는 직·목 les가 'avoir + p.p.' 앞에 나왔으므로 과거분사를 직·목(les= les rapports)과 성·수 일치하였음(finis).

■ Exemple 3

Très prises par le travail, elles ne viendront que demain.

그녀들은 일에 묶여서 내일이나 올 것이다.

과거분사절 Très prises par le travail가 주절의 주어 elles을 꾸미면서 '이유', '원인'을 나타냄.

■ Exemple 4

Une fois la fenêtre fermée, il n'y avait plus de courant d'air.

창문이 닫히자 외풍이 사라졌다.

과거분사 fermée가 주동사의 주어 il과 별개의 주어 la fenêtre를 지님.

■ **EXERCICE 1:** 괄호 안 동사를 알맞은 과거분사형으로 채워 넣으시오.

a) Ils ont .... la marchandise à temps. (livrer)
b) Ils ont .... le bâtiment. (démolir)
c) Cette nuit, ils ont .... très chaud. (avoir)
d) Ils sont .... tout de suite. (rentrer)
e) Elle s'est .... compte de son erreur. (rendre)

■ **EXERCICE 2:** 괄호 안 동사를 알맞은 과거분사형으로 채워 넣으시오.

a) Ses parents sont .... à Paris. (naître)
b) Elles ont .... à Londres pendant 2 ans. (vivre)
c) Ils se sont .... pendant leurs études. (connaître)
d) Hier, toutes les places ont .... en moins d'une heure. (être vendu)
e) Une fois .... à sa destination, elle est aussitôt repartie. (arriver)

■ **EXERCICE 3:** 괄호 안 동사를 알맞은 과거분사형으로 채워 넣으시오.

a) La robe que tu m'as .... me plaît vraiment beaucoup. (offrir)
b) Les livres que j'ai .... le mois dernier sont tous très intéressants. (lire)
c) La fille qui m'a été .... a l'air consciencieuse. (présenter)
d) Les plus beaux pays d'Europe, elle les a déjà tous .... (parcourir)
e) Claire et Marie, je ne les ai pas .... depuis longtemps! (voir)

■ **EXERCICE 4:** 괄호 안 동사를 알맞은 과거분사형으로 채워 넣으시오.

a) .... par les organisateurs, ils ont pu participer à la cérémonie. (inviter)
b) .... par les moustiques, ils ont fini par dîner à l'intérieur. (gêner)
c) .... par sa famille, elle a fait ses études à Londres. (encourager)
d) .... par ses fils, le roi a perdu son royaume. (trahir)
e) .... aux enchères, ce tableau a rapporté une grosse somme à l'association. (vendre)

46 방법부사

Règle

- **형용사로부터 방법 부사** 만들기
  '**형용사 여성형 + -ment**'의 형태가 일반적임(heureu**x** → heureu**se**ment).
  그 밖의 유형으로는: 형용사의 여성형에서 마지막 모음 -e를 -é로 바꾼 후 -ment을 추가(précis → précis**é**ment) ; -ant/-ent으로 끝나는 형용사의 부사형은 각각 -amment/-emment으로 대체(courant → cour**amment**) ; 모음으로 끝나는 남성 형용사에는 -e를 따로 추가하지 않고 -ment을 붙여 줌(vrai**ment**, poli**ment** ...) ; 그 외의 불규칙한 파생의 경우(gentiment, impunément...).
- '-ment' 부사가 문장 전체를 꾸며 주는 상황보어 역할을 할 수도 있음(**Heureusement**, il a réussi. 다행히도 그는 성공했다).
- '**avec + 추상명사**'가 형태로 '-ment' 부사와 유사한 의미를 나타내기도 함(*avec soin* = *soigneusement* 정성스럽게)
- 방법부사가 형용사 및 다른 부사를 수식할 때는 꾸며주는 단어 바로 앞에 놓이며, 동사를 수식할 때는 일반적으로 동사 뒤에 놓임.

주의! 방법 부사 bien과 mal은 복합시제에서 의무적으로 조동사와 과거분사 사이에 써 줌.

▪ Exemple 1

Ces gens aiment vivre **dangereusement**.

그 사람들은 위험하게 사는 것을 좋아한다.

방법부사 dangereusement이 동사 vivre 뒤에 나와 동사를 수식해 줌.

▪ Exemple 2

Fort heureusement, il a accompli sa mission.

매우 다행스럽게도, 그는 임무를 완수했다.

Fort heureusement이 문장 맨 앞에 나와 문장 전체를 수식하는 상황보어로 쓰임.

▪ Exemple 3

Il a géré la situation **brillamment**. 그는 이 상황에 훌륭히 대처했다.

여기서 부사 brillamment은 문장 끝이나 p.p. 뒤, 또는 조동사와 p.p. 사이에 놓일 수 있음.

▪ Exemple 4

Il a **bien** géré la situation. 그는 이 상황에 잘 대처했다.

부사 bien은 조동사와 p.p. 사이에 놓임.

■ **EXERCICE 1:** 괄호 안의 형용사를 **'-ment'** 부사로 만들어 문장을 완성하시오.

a) Il répond .... (machinal)
b) Cette machine coûte .... cher. (excessif)
c) Il lui caresse les cheveux .... (affectueux)
d) Ils se comportent .... (poli)
e) Il se jette dans le fauteuil.................................... (négligent)

■ **EXERCICE 2:** 부사(구)의 위치에 주의하면서 복합과거 시제 문장으로 바꾸어 쓰시오.

a) Vous réagissez *mal*. → ....
b) Vous dansez *très énergiquement*. → ....
c) Vous travaillez *bien*. → ....
d) Vous travaillez *suffisamment longtemps*. → ....
e) Vous attendez *avec patience*. → ....

■ **EXERCICE 3:** 이탤릭체 형용사를 **'-ment'** 부사로 만들어 유사한 의미의 문장을 완성하시오.

a) Ton regard est *attentif*. → Tu regardes ....
b) Ton sourire est *malicieux*. → Tu souris ....
c) Ton travail est *sérieux*. → Tu travailles ....
d) Ton rire est *joyeux*. → Tu ris ....
e) Ta voix est *calme*. → Tu parles ....

■ **EXERCICE 4:** 이탤릭체 부분을 유사한 의미의 **'-ment'** 부사로 대체하여 문장을 완성하시오.

a) Ils traiteront le dossier *avec lenteur*. → ....
b) Il m'a accueilli *avec chaleur*. → ....
c) Il a su dire non *avec courage*. → ....
d) Il répond *avec timidité*. → ....
e) Ils ont refusé la demande *avec cruauté*. → ....

47 전치사 à와 de

Règle

'**à/de** + 명사구' 형태로 **전치사구**를 형성하며 시간, 공간, 소속, 소유 등의 다양한 개념을 나타내거나 그 자체의 의미는 거의 없이 'à/de + 부정법' 형태로 **부정법절을 유도**하기도 함.
합성명사(verre **de** vin)나 관용표현(**de** toute évidence)에 쓰일 수도 있음.

주의! 전치사 à와 de 뒤에 정관사 le나 les가 나오는 경우 아래처럼 축약형을 써 줌:

à + le → **au**	à + les → **aux**	de + le → **du**	de + les → **des**

■ Exemple 1

Il va **à** Paris et il rentre **à** 18h.

그는 파리에 간다. 그리고 저녁 6시에 돌아온다.

전치사 à는 여기서 각각 공간과 시간의 개념을 나타냄.

■ Exemple 2

Il est rentré **de** Chine. Il était parti **du** 3 juillet **au** 15 août.

그는 중국**에서** 돌아왔다. 그는 7월 3일부터 8월 15일까지 떠나 있었다.

전치사 de는 각각 장소와 시간의 개념을 나타냄. du는 전치사 de와 정관사 le의 축약형, au는 전치사 à와 정관사 le의 축약형.

■ Exemple 3

J'essaie **d**'être indulgent. Je l'autorise **à** se présenter.

나는 관대하도록 노력한다. 나는 그가/그녀가 자기소개를 하도록 허락한다.

전치사 de로 유도된 'de + inf.' 부정법절이 essayer동사의 보어로 쓰임(essayer de + inf.). 전치사 à로 유도된 'à + inf.' 부정법절은 autoriser 동사의 보어로 쓰임(autoriser qqn à + inf.).

■ Exemple 4

Dans le couloir, il y a une **machine à café.**

복도에 커피자판기가 한 대 있다.

machine à café(커피자판기)에서 전치사 à는 합성명사를 형성하는데 사용됨.

■ **EXERCICE 1: à와 de 중 알맞은 전치사로 문장을 완성하시오.**

a) .... midi, il va déjeuner.
b) Il consacre beaucoup de temps .... ses enfants.
c) Ils sont fiers .... leur réussite.
d) Il se rend .... l'île Maurice.
e) Ils ont la nostalgie .... leur pays natal.

■ **EXERCICE 2: à와 de 중 알맞은 전치사로 문장을 완성하시오.**

a) Ils ont tous participé .... ce concours.
b) Evite .... lui mentir.
c) J'ai hâte .... visiter ce pays.
d) Elle s'efforce .... terminer son ouvrage à temps.
e) Est-il possible .... venir accompagné ?

■ **EXERCICE 3: à와 de 중 알맞은 전치사로 문장을 완성하시오.**

a) Il a toujours été fidèle .... ses amis.
b) La maison .... Sophie se trouve juste à côté .... une salle de concert.
c) .... toute façon, ils y sont attachés maintenant.
d) .... ma grande surprise, le résultat du concours a été truqué.
e) Ils ont reçu un pot .... vin.

■ **EXERCICE 4: au, aux, du, des 중 알맞은 축약형으로 문장을 완성하시오.**

a) Il récupère le ballon .... enfants.
b) Cette machine est apparue .... 21ᵉ siècle.
c) Valérie va souvent .... Champs-Elysées avec des amis.
d) Il gare la voiture .... président.
e) Cette exposition aura lieu .... lundi .... vendredi.

48 전치사 *en, dans, par, pour...*

Règle

en은 시간(en cinq jours 오 일 안에), 공간(en France 프랑스에), 수단(en taxi 택시로), 재료(en tissu 천으로 된) 등의 다양한 의미를 나타낼 수 있음. 뒤에 부정법(inf.)은 유도하지 못함.
dans도 시간(dans cinq jours 오 일 후에), 공간(dans la ville 도시에서) 등의 의미를 표현할 수 있으며 뒤에 inf.는 유도하지 못함.
par는 장소(par ici 이리로), 날씨(par ce temps 이런 날씨에), 수단(par avion 비행기로) 등의 다양한 의미를 나타낼 수 있고, 일부 동사와 함께 쓰여 inf.를 유도할 수 있음(finir par arriver 마침내 도착하다) ; 수동문에서는 동작주보어를 유도함(Elle a été secourue par les pompiers).
pour는 목적(pour la gloire 명예를 위해서), 방향(partir pour Paris 파리를 향해 떠나다) 등의 의미를 나타내며, 뒤에 inf.도 유도할 수 있음(pour vivre 살기 위해) ; assez~pour(~하기에 충분히 ~한), passer pour(~라고 간주되다) 등 여러 관용구를 형성하는데 사용되기도 함.
sans은 '~없이(sans souci 근심 없이)'의 의미를 나타내며, inf.와 함께 쓰여 '~하지 않고(sans dormir 자지 않고)'의 의미도 나타냄.
comme은 '~처럼(comme toi 너처럼)', '~로서(comme ami 친구로서)', '이유(Comme tu es venu... 네가 왔기 때문에), 감탄(Comme tu es mignon ! 너는 얼마나 귀여운지!) 등의 의미를 나타냄. 뒤에 inf.는 유도하지 못함.

▪ Exemple 1

Il a offert une bague **en** or à sa copine. 그는 자기 여자친구에게 금반지를 선물했다.
전치사 en이 '재료'의 의미를 나타냄.

▪ Exemple 2

Ils ont commencé **par** se présenter à tour de rôle.
그들은 돌아가며 자신을 소개하는 것으로 시작했다.
전치사 par가 commencer par~(~하는 것으로 시작하다) 구문에 사용되어 부정법(inf.)을 유도함.

▪ Exemple 3

Elle est **trop** délicate **pour** prononcer ce genre d'insulte.
그녀는 그런 종류의 욕설을 내뱉기에는 너무도 섬세하다.
전치사 pour가 trop~ pour~(~하기에는 너무도 ~한) 관용구문을 형성하는데 사용됨.

▪ Exemple 4

Comme entrée, je prendrai de la soupe. 전식으로 저는 수프를 하겠습니다.
전치사 comme이 '~(으)로'의 의미를 나타냄. comme이 '~(으)로'/'~(으)로서'의 의미를 나타낼 때 그 뒤의 명사는 무관사 명사를 써 줌.

■ **EXERCICE 1: en과 dans 중 알맞은 전치사로 문장을 완성하시오.**

a) Il est né à New York, mais il a grandi .... France.

b) Deux hommes rôdent .... le quartier.

c) .... la matière, Paul est l'un des spécialistes les plus renommés.

d) Il est né .... les années 60, ... 1968 plus précisément.

e) Cette cathédrale a été construite .... 100 ans.

■ **EXERCICE 2: par, pour, comme 중 알맞은 전치사로 문장을 완성하시오.**

a) Il finit .... accepter la proposition.

b) Marc se prend .... un grand homme.

c) .... collègue, Vincent est très bien.

d) Cécile voyage au moins une fois .... an.

e) Cédric considère Jaques .... son meilleur ami.

■ **EXERCICE 3: en, par, sans 중 알맞은 전치사로 문장을 완성하시오.**

a) Il expose son idée .... se précipiter.

b) Juliette croit .... vous.

c) Commençons .... faire une liste !

d) Ils vivent .... parfaite harmonie.

e) Nous sommes partis un peu plus tôt .... sécurité.

■ **EXERCICE 4: à, en, dans, pour, sans 중 알맞은 전치사로 문장을 완성하시오.**

a) .... quelle direction partons-nous ?

b) .... quelle langue comptez-vous présenter vos projets ?

c) Pierre a réexpliqué la .... que tout le monde la comprenne.

d) Il a aidé énormément de gens .... que personne ne le sache.

e) Faites attention .... ce que tous les participants puissent prendre la parole.

49 전치사 pendant과 depuis

Règle

- **pendant**은 **주로 복합시제**, 특히 **복합과거나 대과거**로 쓰인 동사와 빈번히 사용되며 그 자체로 '~동안'이라는 의미를 나타냄. 보다 드물게 현재시제 동사와도 사용 가능하고 비교적 여러 시제와 자유롭게 결합할 수 있음.
- **depuis**는 **주로 비복합시제**, 특히 **현재시제나 반과거**로 쓰인 동사와 함께 사용되어 **'~동안'이라는 의미를 형성**함. 복합시제 동사와 사용되는 경우는 극히 드묾*.

* depuis를 복합시제 동사와 사용하기 위해서는 긍정문이 아닌 부정문(négative)이어야 한다는 등 일련의 제약이 따름.

주의! pendant과 depuis는 명사구가 아닌 **que절**도 유도할 수도 있음. 이때, **que 종속절의 동사는** pendant que~의 경우 반과거와 결합 가능하며 depuis que~의 경우 복합과거와 결합 가능함. 단, pendant que~가 걸리는 **주절의 동사**는 여전히 복합시제가, depuis que~가 걸리는 **주절의 동사**는 현재나 반과거가 **주로** 사용됨.

■ Exemple 1

J'**ai travaillé** ici **pendant** cinq ans. 나는 여기서 오 년 동안 일했다.

복합시제 중에서도 '복합과거 + pendant'의 결합이 가장 빈번함. 별도의 언급이 없을 경우 '나는 여기서 오 년 동안 일했다'는 기본 의미에 '지금은 더 이상 여기서 일을 하지 않는다'는 의미가 추가됨.

■ Exemple 2

Je **travaille** ici **depuis** cinq ans. 나는 여기서 오 년 동안 일했다.

동사의 현재 시제와 'depuis + 지속기간'을 함께 써 주면 과거에 어떤 행위를 시작하여 일정 기간 동안 하였으며 지금도 그 행위를 계속하고 있다는 의미로, '나는 여기서 오 년 동안 일했다'는 기본 의미에 '지금도 여전히 여기서 일하고 있다'는 의미가 추가됨.

■ Exemple 3

Le facteur est passé **pendant que** tu **étais** absent. 네가 없을 때 우체부가 다녀갔다.

pendant que~ 종속절의 동사가 반과거 시제로 쓰였음(étais). 단, 이때 주절 동사의 시제는 여전히 pendant과 가장 빈번히 어울려 쓰이는 복합시제(여기서는 복합과거 est passé)를 써 주었음.

■ Exemple 4

Julien se sent seul **depuis que** ses amis **sont partis**.
친구들이 떠난 이후로 쥘리앙은 외로움을 느낀다.

depuis que~ 종속절의 동사는 복합과거 시제로도 쓰일 수 있음(sont partis). 단, 이때 주절 동사의 시제는 depuis와 가장 빈번히 어울려 쓰이는 비복합 시제(여기서는 현재시제 se sent)를 써 주었음.

EXERCICE 1: pendant과 depuis 중 알맞은 전치사로 문장을 완성하시오.

a) .... les travaux, le parc sera fermé.
b) Elle le fréquente .... longtemps.
c) Il n'est pas sorti dehors .... hier.
d) Je l'ai attendu .... des heures.
e) Elles ont habité cette maison .... dix ans.

EXERCICE 2: pendant과 depuis 중 알맞은 전치사로 문장을 완성하시오.

a) On parle beaucoup de ce chanteur .... quelques temps.
b) Nous pédalions .... une heure.
c) Nous avions marché .... une heure.
d) Les roses sont cultivées .... l'Antiquité.
e) .... que je l'observais, il a bu trois verres de Ricard !

EXERCICE 3: pendant과 depuis 중 알맞은 전치사로 문장을 완성하시오.

a) Nous avons discuté .... des heures.
b) J'espère le voir .... trois mois déjà.
c) On peut consulter un dictionnaire .... l'examen.
d) Julie vient d'acheter un roman à lire .... le voyage.
e) Nous avons un temps magnifique .... que nous sommes arrivés.

EXERCICE 4: pendant과 depuis 중 알맞은 전치사로 문장을 완성하시오.

a) Je coupe du bois .... qu'il fait encore jour.
b) J'ai enfin reçu la lettre que j'attendais .... cinq mois.
c) Je ne vais pas bien .... que j'ai arrêté le yoga.
d) Ils ont arrêté de fumer .... six mois, puis ils se sont finalement remis à fumer.
e) Ils ont arrêté de fumer .... six mois, et ils n'ont toujours pas repris.

50 동사가 선택한 전치사

Règle

동사에 따라 동반하는 전치사가 대부분 정해져 있어 어울리는 전치사를 써 주어야 함.

- 〈전치사 de와 어울리는 동사들〉: douter de, essayer de, finir de, profiter de, tenter de... ; dire à qqn de, ordonner à qqn de, permettre à qqn de, empêcher qqn de...
- 〈전치사 à와 어울리는 동사들〉: assister à, commencer à, hésiter à, participer à, penser à, succéder à... ; amener qqn à, autoriser qqn à, conduire qqn à, inciter qqn à, inviter qqn à...

주의! 동일한 전치사를 택하는 동사들일지라도(가령 profiter와 ordonner) 완전히 동일한 세부 문장구조를 갖지는 않음. 전치사 다음에 부정법의 허용 여부나 전치사구 대신 que 종속절의 사용 가능성 등에서 차이를 보일 수 있음. 주요 동사의 보어 유형에 따른 세부 구조는 <부록1> 참조.

- 그 밖의 전치사를 택하는 동사도 있음(insister sur, compter sur, l'emporter sur, tomber sur, renseigner qqn sur qqch, se disputer avec, croire en...)
- 여러 전치사와 어울려 쓰이는 동사도 있음(parler à/de/avec, commencer à/par...).

주의! 동사와 함께 쓰여 명사구를 유도하는 특정 전치사는 **전치사 + 명사구** 대신 **que 종속절**이 동사의 보어로 쓰일 때 일반적으로 생략됨(douter **de + 명사구** → douter **que~).**
드물게 예외도 존재함(s'attendre **à + 명사구** → s'attendre **à ce que~**).

▪ Exemple 1

Il **participe à** la réunion.

그는 회의에 참석한다.

동사 participer가 명사구 보어를 취할 때 늘 전치사 à를 동반함.

▪ Exemple 2

Elle **essaie de** dormir.

그녀는 자려고 애쓴다.

동사 essayer가 부정법 보어를 취할 때 부정법 동사 앞에 늘 전치사 de를 동반함.

▪ Exemple 3

On **doute de** sa parole. 우리는 그의 말을 의심합니다.

동사 douter가 명사구 보어를 취할 때 늘 전치사 de를 동반함.

▪ Exemple 4

On **doute qu**'il ait dit la vérité. 우리는 그가 진실을 말했는지를 의심합니다.

동사 douter가 que 종속절을 보어로 취할 경우 douter의 명사구 보어를 유도하던 전치사 de는 생략됨.

■ **EXERCICE 1:** 동사에 유의하여 **de, à, sur, avec, en** 중 알맞은 전치사로 문장을 완성하시오.

a) Paul s'y connaît .... économie.
b) N'insistez pas .... ce point. Ma décision est prise.
c) Il ne faut pas se moquer .... gens un peu maladroits.
d) Paul se dispute souvent .... sa copine
e) Elise souhaite assister .... la cérémonie des Césars.

■ **EXERCICE 2:** 동사에 유의하여 **de, à, sur** 중 알맞은 전치사로 문장을 완성하시오(전치사가 필요치 않을 경우 **Ø**로 표시하시오).

a) Gautier hésite .... prendre du fromage.
b) Lucie profite bien .... ses vacances pour se ressourcer.
c) Cyriane est tombée .... un très bon professeur.
d) Gwladys a fini .... construire la maquette de la Tour Eiffel.
e) Gwladys a fini .... la construction de la maquette de la Tour Eiffel.

■ **EXERCICE 3:** 주어진 동사를 동반하는 알맞은 전치사로 문장을 완성하시오(전치사가 필요치 않을 경우 **Ø**로 표시하시오).

a) Sébastien vient de commencer .... rédiger le discours présidentiel.
b) Sébastien vient de commencer .... la rédaction du discours présidentiel.
c) Vous penserez bien .... prolonger le contrat.
d) Vous penserez bien .... la prolongation du contrat.
e) Vous pensez .... qu'ils ont prolongé le contrat ?

■ **EXERCICE 4:** 주어진 동사를 동반하는 알맞은 전치사로 문장을 완성하시오.

a) Nous vous invitons .... diner chez nous ce samedi.
b) Cette publicité incite les gens .... boire moins.
c) Le roi ordonne .... ses sujets .... se mobiliser pour les travaux.
d) Ce stage a permis .... Fanny .... être embauchée.
e) Le maire autorise les villageois .... organiser une fête à cette date.

51 형용사가 선택한 전치사

Règle

형용사에 따라 동반하는 전치사가 대부분 정해져 있어 어울리는 전치사를 써 주어야 함.

- 〈전치사 de와 어울리는 형용사들〉: content de, convaincu de, désolé de, fier de, forcé de, heureux de, inquiet de, obligé de, persuadé de, pressé de, ravi de, satisfait de, sûr de, surpris de...**;** doté de, plein de, rempli de...
- 〈전치사 à와 어울리는 형용사들〉: adapté à, enclin à, fidèle à, prêt à **;** facile* à, difficile à, impossible à, utile à...

* facile, difficile, impossible, utile 등의 형용사는 'Il est Adj de~' 구문에서도 빈번히 사용됨.

주의! 동일 전치사를 택하는 형용사들일지라도(가령 doté 와 convaincu) 완전히 동일한 세부 문장구조를 갖지는 않음. 전치사 다음에 부정법의 허용 여부나 전치사구 대신 que 종속절 사용 가능성 등에서 차이를 보일 수 있음.

- 그 밖의 전치사를 택하는 형용사도 있음(compatible avec, fort en, passionné par...)

주의! 형용사와 함께 쓰여 명사구를 유도하는 특정 전치사는 **전치사 + 명사구** 대신 **que 종속절**이 형용사의 보어로 쓰일 때 생략됨(content **de + 명사구** → content **que~**).

■ Exemple 1

Paul est **sûr de** son succès. 뽈은 자신의 성공을 확신한다.

형용사 sûr가 명사구 보어를 취할 때 늘 전치사 de를 동반함.

■ Exemple 2

Paul est **doté d'**une intelligence exceptionnelle.

뽈은 예외적으로 높은(←예외적인) 지능을 지녔다.

형용사 doté는 늘 전치사 de로 유도되는 명사구 보어와 함께 쓰임. 또한 이 때의 명사구는 '비사람/비생물'의 의미를 나타내야 한다는 추가 제약을 지님.

■ Exemple 3

Nous sommes **contents du** succès de ce projet. 우리는 이 프로젝트의 성공이 기쁘다.

형용사 content이 명사구 보어와 함께 쓰일 때 늘 전치사 de를 동반함. content de~ 뒤에는 부정법도 나올 수 있음(Nous sommes contents d'avoir réussi ce projet).

■ Exemple 4

Nous sommes **contents que** vous ayez réussi ce projet.

우리는 당신이 이 프로젝트를 성공한 것이 기쁩니다.

형용사 content이 보어로 que종속절을 취할 경우 content과 함께 쓰여 명사구 보어를 유도하던 전치사 de는 생략되며 que 종속절의 동사는 접속법으로 써 줌(ayez réussi).

■ **EXERCICE 1:** 형용사에 유의하여 **de**와 **à** 중 알맞은 전치사로 문장을 완성하시오.

a) Aline est persuadée .... leur implication dans cette affaire.
b) Mathieu est forcé .... les accueillir.
d) Charles n'est pas obligé .... y aller.
c) Paul est fidèle .... ses amis.
e) Marie est pressée .... retrouver Paul.

■ **EXERCICE 2:** 형용사에 유의하여 **de, à, en, par, avec** 중 알맞은 전치사로 문장을 완성하시오.

a) Carole est prête .... faire un compromis.
b) Cet homme politique a plein .... ambition.
c) Paul est passionné .... le théâtre.
d) L'imprimante est compatible .... l'ordinateur.
c) Paul est extrêmement fort .... maths

■ **EXERCICE 3:** '**de**+명사구/부정법'은 '**que** 종속절'로 바꾸고 '**que** 종속절'은 '**de**+부정법'으로 바꾸어 유사한 의미의 문장을 완성하시오.

a) Manon est convaincue de l'innocence de Paul.
→ Manon est convaincue ....
b) Paul est certain d'avoir aperçu le coupable.
→ Paul est certain ....
c) Il est plus prudent qu'on arrête de boire.
→ Il est plus prudent ....

■ **EXERCICE 4:** 전치사 **à**를 포함하는 다음 문장으로부터 전치사 **de**와 비인칭주어 **Il**이 들어가는 유사한 의미의 문장을 만드시오.

a) Cette machine est simple d'emploi. → ....
b) Cette énigme est compliquée à résoudre. → ....
c) Cette barrière est impossible à franchir. → ....
d) Mathieu est facile à convaincre. → ....

52 부정법(infinitif)

Règle

- 인칭과 수가 표시되지 않는 동사형태로 **부정법(inf.) 현재**는 동사원형과 동일하고 **부정법 과거**는 '**조동사의 원형 + p.p.**'의 형태임. 부정법 과거는 주동사가 나타내는 동작보다 먼저 완료된 동작이나 상태를 묘사함.
- 부정법절(proposition infinitive)의 위치 :
  부정법절은 **주어** 자리에 나오거나(***Mentir à ses parents*** *n'est pas souhaitable*) ; 양태조동사, 사역동사, 지각동사, 기호동사 등 일부 **동사** 뒤에 전치사 없이 **보어로** 나오거나(*Paul fait* ***accompagner ses amis***) ; à, de, pour와 같은 일부 **전치사에 의해 도입**될 수도 있음(hésiter à venir, la volonté de réussir, pour dormir...).

▪ Exemple 1

Je voulais **voyager à l'étranger**.

나는 외국 여행을 하고 싶었다.

조동사(voulais)가 부정법절(voyager à l'étranger)을 보어로 취함. 문장의 시제는 첫 번째 동사요소인 조동사에 표시됨(voulais).

▪ Exemple 2

Après **avoir bien dormi**, je n'avais plus mal à la tête.

잘 자고 난 후에 나는 더 이상 머리가 아프지 않았다.

부정법 과거(avoir bien dormi)를 써 주어 잠을 잘 잔 것이 주동사가 나타내는 더 이상 머리가 아프지 않은(n'avais plus mal à la tête) 상태보다 선행하여 완료되었음을 나타냄.

▪ Exemple 3

J'aime **me promener dans la forêt.**

나는 숲 속에서 산책하는 것을 좋아한다.

기호동사 aimer 의 보어로 부정법절 me promener dans la forêt를 써 주었음.

▪ Exemple 4

Nous avons décidé de **les aider**. Nous sommes prêts à **les aider**.

우리는 그들을 돕기로 결정했다. 사실 우리는 그들을 도울 준비가 되어 있다.

부정법 les aider가 각각 동사 décider(결정하다)를 동반하는 전치사 de와 형용사 prêt(준비된)을 동반하는 전치사 à에 의해 도입되었음.

■ **EXERCICE 1:** 동사를 부정법으로 채워 넣어 유사한 의미의 문장을 완성하시오.

a) Ils sentent que la terre tremble.
→ Ils sentent la terre ....
b) Je vois que les étoiles brillent dans le ciel.
→ Je vois les étoiles .... dans le ciel.
c) Pierre critique tout le temps, et ne fait rien d'autre.
→ Pierre ne fait que ....
d) Elle prendra sa douche avant d'aller au lit.
→ Après .... sa douche, elle ira au lit.

■ **EXERCICE 2:** 동사를 부정법으로 채워 넣어 유사한 의미의 문장을 완성하시오.

a) Il faut que tu viennes. → Il te faut ....
b) Il est urgent que vous finissiez votre rapport. → Il est urgent pour vous de ....
c) J'aime la façon dont tu joues. → J'aime ta façon de ....
d) Elle se demande qui elle pourrait rencontrer. → Elle se demande qui ....

■ **EXERCICE 3:** 앞 문장의 이탤릭체 부분을 부정법 현재나 과거로 알맞게 바꾸어 뒤 문장을 완성하시오.

a) Elle désire *la poursuite de ses études*.
→ On m'informe de son désir de ....
b) J'ai l'impression *que je l'ai déjà rencontré*.
→ J'ai l'impression de ....
c) Je connais un restaurant où *je pourrai déjeuner*.
→ Je connais un restaurant où ....
d) *La perte de temps* n'est pas tolérable.→..................... n'est pas tolérable.

■ **EXERCICE 4:** 지시사항에 따라 부정법을 포함하는 문장을 만드시오.

a) 눈이 내릴 것이다(비인칭 주어 + 근접미래). → ....
b) 그는 내게 들어오라고 명령한다(ordonner). → ....
c) 그는 아무 소리(bruit)도 내지 않고(sans + inf.) 나간다. → ....

53 접속법(subjonctif)

Règle

비현실적이거나 불확실한 사실을 **주관적인 판단에 의해 묘사**하는 표현법. 현실적이며 확실한 사실을 객관적인 판단에 의해 묘사하는 직설법과 구별됨.

접속법 현재는 직설법 현재 **3인칭 복수형의 어간에다** 아래와 같은 접속법 어미를 붙여 형성함:

je	tu	il	elle	nous	vous	ils	elles
-e	**-es**	**-e**	**-e**	**-ions**	**-iez**	**-ent**	**-ent**

〈parler〉: ils/elles **parl**ent → 접속법 어간은 **parl-.**

je parl**e**, tu parl**es**, il parl**e**, elle parl**e**, nous parl**ions**, vous parl**iez**, ils parl**ent**, elle parl**ent**

- 접속법 과거는 '**조동사의 접속법 현재 + p.p.**'의 형태임.
- 종속절에 접속법을 써 주는 경우:
  주절 동사/형용사가 **당위, 필요**, 추측, 의혹, 불확실성, (불)가능성을 나타낼 때 ; 주절 동사/형용사가 기쁨, 놀라움 등 **감정**을 표현할 때 ; 주절 동사/형용사가 희망, 명령, 기원, 의지 등을 표현할 때 ; **생각과 사고**를 나타내는 주절 동사가 **부정문이나 의문문**에 나올 때 ; 주절에 **최상급이나 유일**의 개념을 나타내는 형용사가 나올 때 등등.
- 그 외의 경우:
  'Qu'il le **veuille** ou non,~(그가 원하든 원치 않든~)'과 같은 관용표현이나, 일부 부사절(à condition que~, à moins que~, bien que~, pourvu que~...)에서, 그리고 3인칭 주어에 대한 명령문에도 접속법이 쓰임(Qu'il entre !).

■ Exemple 1

Paul se réjouit que Jeanne **revienne**.

잔느가 돌아오는 것이 뽈은 기쁘다.

주절 동사가 주관적인 감정을 표현하는 동사(se réjouir)이므로 종속절에 접속법을 써 줌. 종속절에 쓰인 접속법 현재(revienne)는 주절과 동시에 혹은 미래에 일어날 사실을 표현함.

■ Exemple 2

Ses parents sont très contents que Jeanne **soit revenue**.

잔느가 돌아온 것이 그녀의 부모는 매우 기쁘다.

주절 형용사가 감정을 표현하는 형용사(contents)이므로 종속절에 접속법을 써 줌. 종속절에 쓰인 접속법 과거(soit revenue)는 주절보다 앞서 완료된 동작을 나타냄(잔느가 돌아와서 그녀의 부모가 기쁨).

■ Exemple 3

Pensez-vous qu'elle **puisse** venir ?

당신은 그녀가 올 수 있다고 생각하십니까?

생각과 사고를 표현하는 동사(penser)가 의문문에 나올 때 종속절에는 접속법(puisse)을 써 줌.

■ **EXERCICE 1:** 괄호 안의 동사를 접속법 현재로 활용하여 문장을 완성하시오.

a) Il faut que vous .... discrets. (être)
b) Il est nécessaire que tu .... un dictionnaire. (avoir)
c) Il est temps que je .... cet ouvrage. (finir)
d) J'aimerais bien que nous .... au bord de la mer. (aller)
e) Il souhaite que vous .... à l'heure. (arriver)

■ **EXERCICE 2:** 괄호 안의 동사를 접속법 현재나 과거로 알맞게 활용하여 문장을 완성하시오.

a) Il est impossible que vous .... en vacances maintenant. (partir)
b) Etes-vous convaincu qu'ils .... cela ? (savoir faire)
c) Je ne suis pas certaine qu'il .... la leçon. (avoir bien retenu)
d) J'exige qu'il .... avant minuit. (être revenu)
e) Il semble que tu .... (avoir eu peur)

■ **EXERCICE 3:** 앞 문장을 종속절로 삽입하여 뒤 문장을 완성하시오.

a) Paul et Céline sont bien accueillis.
→ Je me réjouis que ....
b) Mon frère a remporté le prix.
→ Je suis ravi que ....
c) Les employés sont en retard.
→ Le patron est furieux que ....
d) Ce sportif réussira cet exploit.
→ Croyez-vous que .... ?

■ **EXERCICE 4:** 이탤릭체 동사를 접속법으로 활용하여 뒤 문장을 완성하시오.

a) Peut-il *aller se coucher* ? – Mais oui, qu'il .... !
b) Peut-il *prendre ces documents* ? – Mais oui, qu'il .... !
c) Peut-il *prévenir les gens* ? – Mais oui, qu'il .... !
d) *Souhaitera*-t-elle vous recevoir? – Qu'elle le .... ou non, elle nous recevra !
e) *Voudra*-t-il venir ? – Qu'il le .... ou non, il viendra !

54 조건법(conditionnel)

Règle

실현될 가능성이 희박한 어떤 조건이나 가정이 이루어졌을 때 일어날 수도 있는 결과를 나타내는 비현실적인 어법. **조건법 현재**는 '**단순미래 어간 + 반과거 어미**'의 형태로 형성. **조건법 과거**는 '**조동사의 조건법 현재 + p.p.**'의 형태로 형성.

- 조건법이 전형적으로 사용되는 '조건문'은 '**조건절 + 결과절**'의 구조를 지니며, 이때 조건절과 결과절에 나올 수 있는 시제 결합은 '**Si 반과거 + 조건법 현재**', '**Si 대과거 + 조건법 과거**'임.
- '조건절'이 반드시 si로만 유도되지 않고 의미상 au cas où 등 기타 표현으로 나타나는 경우도 있음.

주의! '조건문' 구문에서 **조건법(conditionnel)**은 **결과절에 사용**됨.

- 조건법 현재는 단독으로 '공손' 또는 '완곡한' 어법을 나타낼 수도 있음.
- 순수 시제 용법으로서 사용된 조건법 현재는 특별한 의미 없이 단순히 '과거 속의 미래'를 나타내고 조건법 과거는 '과거 속의 전미래'를 나타냄.

Exemple 1

Si elle **gagnait** au loto, elle **ferait** le tour du monde.

만일 (그럴 가능성이야 희박하지만) 그녀가 복권에 당첨된다면 그녀는 아마 세계일주를 할 것이다.

'Si 반과거+조건법 현재' 구문으로, 조건문의 조건절과 결과절에 각각 **반과거**와 **조건법 현재**를 써 줌으로써 '그녀가 복권에 당첨될 가능성이 희박하며 결과적으로 세계일주를 할 가능성도 희박하다'는 의미를 나타냄. '그녀가 복권에 당첨될 가능성이 있으며 따라서 세계일주를 할 가능성도 있다'고 믿는 화자의 태도를 나타내려면, 'Si elle gagne(현재) au loto, elle fera(단순미래) le tour du monde.'라고 'Si 직설법 현재+직설법 단순미래' 구문을 씀.

Exemple 2

Si elle **avait gagné** au loto, elle **aurait fait** le tour du monde.

만일 (이것은 사실과는 반대되는 순수한 가정이지만) 그녀가 복권에 당첨되었더라면 그녀는 아마도 세계일주를 했었을 것이다.

'Si 대과거+조건법 과거' 구문으로, 조건문의 조건절과 결과절에 각각 **대과거**와 **조건법 과거**를 써 줌으로써 사실상 그녀는 복권에 당첨되지도 못했고, 그 결과 세계일주를 하지도 못했다는 의미를 나타냄.

Exemple 3

Je **souhaiterais** intégrer ce laboratoire.

저는 그 연구소에 들어가고 싶습니다.

동사를 조건법으로 활용하여(souhaiterais) 공손하고 완곡한 어법을 표현하였음.

Exemple 4

Il a dit qu'il **reviendrait** dimanche.

그는 일요일에 다시 올 것이라고 말했다.

'그가 말하는 시점'이 과거(a dit)이고, '일요일에 다시 오는' 행위는 말하는 시점 이후에 일어나는 일임을 나타내기 위해서 '과거 속의 미래'인 조건법 현재(reviendrait)를 써 주었음.

■ **EXERCICE 1:** 괄호 안의 동사를 조건법 현재로 활용하여 문장을 완성하시오.

a) Elle .... une belle voiture, si elle avait de l'argent. (acheter)
b) Il .... plus souvent, s'il avait le temps. (voyager)
c) Si j'étais toi, je ne lui .... pas confiance. (faire)
d) Tu .... aider tes amis en difficulté. (devoir)
e) J'ai pris mon parapluie au cas où il .... (pleuvoir)

■ **EXERCICE 2:** 괄호 안의 동사를 조건법 현재로 활용하여 문장을 완성하시오.

a) .... –vous m'accorder un délai ? (pouvoir)
b) Elle .... ravie de faire votre connaissance. (être)
c) Au lieu de raconter n'importe quoi, nous .... nous taire. (devoir)
d) Vous ne le .... pas. (deviner)
e) ....-tu besoin de mon aide ? (avoir)

■ **EXERCICE 3:** 괄호 안의 동사를 조건법 과거로 활용하여 문장을 완성하시오.

a) Ils .... cette option. (choisir)
b) Si elle avait su, elle .... plusieurs langues étrangères. (apprendre)
c) Elle .... une belle voiture, si elle avait eu de l'argent. (acheter)
d) Tu n'es pas venu, mais tu avais le temps. Tu .... ! (pouvoir venir)
e) Elle m'envoie parfois un mail. Je vais consulter ma boîte électronique au cas où elle .... (me laisser un message)

■ **EXERCICE 4:** 앞 문장을 뒤 문장의 종속절에 알맞게 집어 넣으시오.

a) Tu travailleras davantage. → Tu m'as promis que ....
b) Nous réussirons. → J'ai toujours su que ....
c) Cette activité se développera rapidement.
→ Ils ont dit que ....
d) Il jouera bien mieux lorsqu'il aura acquis cette technique.
→ Il m'avait garanti qu' ....

55 시제일치

Règle

주절 동사의 시제와 의미 등에 따라 종속절 동사에 알맞은 법(mode)과 시제를 써 주는 것.
일반적으로:

주절 동사 시제	종속절 동사 시제
현재	**현재** : 주절과 동시에 일어나는 사실
	과거 : 주절에 선행한 사실
	단순미래 : 주절보다 뒤에 일어날 사실
	전미래 : 주절보다 뒤에 완료되어질 사실
과거	**과거** : 주절과 동시에 일어난 사실
	대과거 : 주절에 선행한 사실
	조건법 현재 : 주절보다 뒤에 일어나는 사실
	조건법 과거 : 주절보다 뒤에 완료되어지는 사실

- 주절 동사를 현재 시제에서 과거 시제로 전환할 경우, 종속절 동사도 시제일치를 위하여 〈현재 → 반과거〉, 〈과거 → 대과거〉, 〈단순미래 → 조건법 현재〉, 〈전미래→ 조건법 과거〉로 전환해 줌.
- 주절 동사를 현재 시제에서 미래 시제로 전환할 경우 종속절 동사의 시제는 일반적으로 불변함.
- 주절 술어의 성격 상 **종속절** 동사를 **접속법**으로 쓰는 경우 접속법 현재는 주절시제에 비해 동시성이나 후속성을, 접속법 과거는 선행성을 나타냄.

■ Exemple 1

Paul **a pensé** que Pierre **était** trop fatigué pour sortir.
뽈은 삐에르가 외출하기에는 너무 피곤하다고 생각했다.

'삐에르가 외출하기에는 너무도 피곤한' 상태가 '뽈이 생각한' 행위와 동시성을 나타내고, 주절의 시제가 과거이므로(a pensé) 종속절 시제도 과거(était)로 써 주었음.

■ Exemple 2

Paul **a avoué** qu'il **avait menti**. 뽈은 자신이 거짓말을 했다고 실토했다.
'뽈이 거짓말한' 행위가 '실토한' 행위에 비해 앞서 일어났고, 주절의 시제가 과거이므로(a avoué) 종속절에 그보다 앞선 '과거 속의 과거'인 대과거(avait menti)를 써 주었음.

■ Exemple 3

Paul **s'est demandé** si Marie **repartirait** avant dimanche.
뽈은 마리가 일요일이 되기 전에 다시 떠날지 자문하였다.

'마리가 다시 떠나는' 행위는 '뽈이 자문하는' 행위에 비하여 뒤에 일어날 일을 나타내는데 '자문하는' 주절 동사의 시제가 과거이므로(s'est demandé) 종속절에는 '과거 속의 미래'인 조건법 현재(repartirait)를 써 주었음.

■ **EXERCICE 1:** 주절 동사의 시제변화에 유의하여 종속절을 완성하시오.

a) Je sais qu'il t'aime bien. → Je savais ....

b) Nous pensons qu'il viendra. → Nous pensions ....

c) Elle reconnaît que j'ai eu raison. → Elle reconnaissait ....

d) Il est sûr qu'elle se perdra en chemin. → Il était sûr ....

e) J'espère que tu auras terminé avant midi. → J'espérais que ....

■ **EXERCICE 2:** 괄호 안의 동사를 지시사항에 맞게 활용하여 문장을 완성하시오.

a) Il était au courant que nous .... tout de suite. (venir, 주절보다 뒤에)

b) Je me souviens qu'il .... (dire cela, 주절에 선행)

c) Elle est certaine que vous .... (être chargé de ce travail, 주절과 동시에)

d) Nous savons qu'il .... demain. (faire beau, 주절보다 뒤에)

e) Il affirme qu'elle .... (se moquer de lui, 주절에 선행)

■ **EXERCICE 3:** 이탤릭체 동사를 괄호 안에 제시된 시제로 바꾸어 문장을 다시 쓰시오.

a) Elle *trouve* que tu exagères. (반과거) → ....

b) Elle *était* certaine que nous nous reverrions. (현재) → ....

c) On nous *dit* que vous avez été absente. (반과거) → ....

d) J'*ai appris* qu'il lui avait fait beaucoup de reproches. (현재)
→ ....

e) Il *croit* qu'on lui veut du mal. (미래) → ....

■ **EXERCICE 4:** 괄호 안의 동사를 알맞은 법**(mode)**과 시제로 활용하여 문장을 완성하시오.

a) Il veut que nous .... tout de suite. (venir)

b) Je regrette qu'il .... hier soir. (dire cela)

c) Elle ordonne que vous .... (être chargé de ce travail)

d) Nous craignons qu'il .... demain. (faire mauvais)

e) Il est furieux qu'elle .... tout au long du diner. (se moquer de lui)

56 단문과 복문

Règle

- 하나의 동사*를 중심으로 해서 구성된 문장을 **단문**, 둘 이상의 단문이 모여서 이루어진 문장을 **복문**이라 함.

* 여기서 '동사'는 '어떤 의미상 주어에 대한 서술어로서 기능하는 모든 동사'로서 직설법 동사활용 형태뿐 아니라 접속법, 조건법, 부정법* 등의 다양한 형태를 포함함. 주어-서술어 관계를 맺지 않는 조동사는 포함되지 않음.
예를 들어, 주동사로 지각동사(voir, écouter, sentir...)나 사역동사(faire, laisser)를 쓸 경우 그 뒤에 보어로 부정법절(proposition infinitive)이 나올 수 있음.

- 복문의 종류 :
둘 이상의 단문이 단지 쉼표와 같은 구두기호로 연결되어 나란히 놓이는 **병치**관계 ; 등위접속사(et, mais, ou...)로 대등하게 연결되는 **대등**관계 ; 종속접속사(que, si, quoique...)나 관계대명사 또는 의문사 등으로 연결되어 기본 틀이 되는 절(=주절)과 그 안에 포함되어 들어가는 절(=종속절)로 구분되는 **종속**관계의 세 가지 유형이 있음..

▪ Exemple 1

Il ne t'aidera pas, **il ne pense qu'à lui-même.**

그는 너를 돕지 않을 거야, 자기만 생각하니까.

두 개의 단문이 쉼표로 연결된 병치관계의 복문.

▪ Exemple 2

Il est chétif, **mais il est très courageux.**

그는 몸이 허약하지만 매우 용기 있다.

두 개의 단문이 대등접속사 mais로 연결된 대등관계의 복문.

▪ Exemple 3

Jeanne croit **que tu lui as menti.**

잔느는 네가 자기한테 거짓말을 했다고 믿는다.

두 개의 단문이 종속접속사 que로 연결된 종속관계의 복문.

▪ Exemple 4

Jeanne n'aime pas trop la robe **que tu lui as offerte.**

잔느는 네가 선물해 준 원피스를 별로 안 좋아한다.

두 개의 단문이 관계대명사 que로 연결된 종속관계의 복문.

- **EXERCICE 1:** 문장의 모든 동사를 표시하고 단문인지 복문인지 적으시오.

a) Paul avoue qu'il a menti. (...)
b) Paul est content que Jeanne soit revenue. (...)
c) Paul se pose toujours trop de questions à propos de tout et rien. (...........)
d) La robe qui était blanche est maintenant grise. (.......................................)
e) Je parle du bonnet bleu que tu portais hier. (.......................................)

- **EXERCICE 2:** 문장의 모든 동사를 표시하고 단문인지 복문인지 적으시오.

a) Fais attention, c'est un homme dangereux. (.......................................)
b) Ils m'ont demandé une explication, mais je n'en ai aucune. (....................)
c) Paul ira là où il voudra. (...)
d) J'ai toujours eu une totale confiance en lui. (.......................................)
e) C'est une explication qui me paraît valable. (.......................................)

- **EXERCICE 3:** 문장의 모든 동사를 표시하고 단문인지 복문인지 적으시오.

a) Demain après-midi, Marianne se promènera dans le parc avec ses amis. (.......................................)
b) Paul entend Marie chanter. (.......................................)
c) Paul voit Pierre frapper Marie. (.......................................)
d) Marie a senti la terre trembler. (.......................................)
e) Je t'entends souvent jouer du piano. (.......................................)

- **EXERCICE 4:** 문장의 모든 동사를 표시하고 단문인지 복문인지 적으시오.

a) Paul fait manger le bébé. (.......................................)
b) Paul fait manger sa soupe au bébé. (.......................................)
c) Le métro étant en grève, j'ai pris un taxi. (.......................................)
d) D'ici ce week-end, ça ne leur laisse pas beaucoup de temps. (.................)
e) L'hiver venu, ils sont partis pour un pays plus chaud. (...........................)

57 모음생략(élision)

Règle

모음 **e, a, i**가 모음이나 무음 h로 시작하는 단어 앞에서 생략되는 현상.

〈**e** 모음자 생략〉

정관사 le → l' (**le** + homme → **l'**homme)

주어인칭대명사 je → j' (**je** + aime → **j'**aime)

지시대명사 ce → c' (**ce** + est → **c'**est)

직·목, 간·목의 me, te, se → m', t', s' (tu **me** + appelles → tu **m'**appelles)

관계/의문대명사, 접속사의 que → qu' (**que** + on → **qu'**on)

부사 ne → n' (**ne** + habite → **n'**habite)

전치사 de → d' (**de** + Elsa → **d'**Elsa)

〈**a** 모음자 생략〉

정관사 la → l' (**la** + école → **l'**école)

〈**i** 모음자 생략〉

접속사 si → s' (**si** + il → **s'**il)

■ Exemple 1

J'ai enfin rencontré **l'**amie de Sylvain. Elle **s'**appelle Carole.

나는 마침내 실뱅의 여자친구를 만났다. 그녀의 이름은 까롤이다.

대명사 주어 je가 모음으로 시작하는 동사 avoir 앞에서 j'로 모음생략 하였음. 마찬가지로 관사 la와 재귀대명사 se가 각각 모음으로 시작하는 명사 amie 와 모음으로 시작하는 동사 appeler 앞에서 l'과 s'로 모음생략 하였음.

■ Exemple 2

L'université ne **t'**a envoyé aucun courrier.

대학교에서 네게 아무 우편물도 보내지 않았다.

관사 la와 간·목 대명사 te가 모음으로 시작하는 명사 université와 조동사 avoir 앞에서 l'과 t'로 모음생략 하였음.

■ Exemple 3

Quoiqu'il pleuve, ils sont sortis.

비가 내림에도 불구하고 그들은 외출했다.

관계/의문대명사, 접속사의 que가 단독으로 쓰이는 경우뿐 아니라 que를 포함하는 quoique, jusque와 같은 기타 표현들도 que와 동일한 모음생략 현상을 보임(quoiqu'il.., jusqu'à...).

■ Exemple 4

Un verre **d'**eau, **s'**il vous plaît ! 물 한 잔 주세요.

전치사 de와 접속사 si가 각각 모음으로 시작하는 명사 eau와 대명사 il 앞에서 d'와 s'로 모음생략하였음.

■ **EXERCICE 1:** 모음생략에 주의하면서 괄호 안에 제시된 표현을 사용하여 프랑스어 문장을 완성하시오.

a) 나는 런던에 살았다(habiter). → .... à Londres.
b) 그것(ce)은 중요한 약속이다. → .... un rendez-vous important.
c) 그것(ce)은 중요한 약속이 아니다.
→ .... pas un rendez-vous important.
d) 영문학, 그것을(la) 그녀는 대학에서 공부한다(étudier).
→ La littérature anglaise, elle .... à la faculté.
e) 거기 도착하면 제게 전화하실(appeler) 거지요?
→ Vous .... quand vous arriverez là-bas ?

■ **EXERCICE 2:** 모음생략에 주의하면서 괄호 안에 제시된 표현을 사용하여 프랑스어 문장을 완성하시오.

a) 우리(on)가 들어오자마자(dès que~) 비가오기 시작했다.
→ .... est rentré, il a commencé à pleuvoir.
b) 나는 아까 낮잠을 잤다(낮잠 자다= faire la sieste).
→ .... tout à l'heure.
c) 그들이 찾는 사람은 오늘 오지 않았다.
→ La personne .... cherchent .... pas venue aujourd'hui.
d) 그것에 대해(y) 생각조차 하지 마시오. → .... même pas !
e) 그것에 대해(en) 이야기 하지 말아라. → .... pas !

■ **EXERCICE 3:** 모음생략에 주의하면서 괄호 안에 제시된 표현을 사용하여 프랑스어 문장을 완성하시오.

a) 다음 겨울에 나는 새 아파트로 입주할(emménager) 것이다.
→ .... prochain, ... dans un nouvel appartement.
b) 지난 여름에 우리는 이탈리아 남부를 여행했다.
→ .... dernier, nous avons visité le sud de ....
c) 그는 여러 부서를 통합한다는 생각(idée)을 받아들이지(accepter) 않는다.
→ Il .... pas .... de regrouper plusieurs services.
d) 내게는(me) 그 기억을 지우는(effacer) 것이 중요했다.
→ Il .... important .... ce souvenir.
e) 그는 오후 세 시경에 공원으로 갔다(se rendre à).
→ Il .... au parc vers trois heures de ....

58 연음(liaison)

Règle

연달아 나오는 두 단어에서 앞 단어가 자음으로 끝나고 **뒤 단어가 모음이나 무음 h로 시작**하는 경우 **앞 단어의 끝 자음**과 **뒤 단어의 첫 모음**이 마치 **한 음절인 듯 모아져 발음**되는 현상.

•〈의무적으로 연음 해야 하는 경우〉

관사* + 명사 **un** ‿ **a**rbre ; 관사 + 형용사 + 명사 **un** ‿ **a**ncie**n** ‿ **a**mi

* 관사 자리에 지시형용사나 소유형용사가 나와도 동일함. ce**t** ‿ **a**rbre, mo**n** ‿ **a**rbre

부사 + 형용사 trè**s** ‿ **a**imable ; 부사 + 전치사(구) trè**s** ‿ **e**n forme

전치사 + 명사 san**s** ‿ **a**lcool ; 전치사 + 강세형 대명사 che**z** ‿ **e**lle

주어인칭대명사 + 동사 il**s** ‿ **o**nt ; 동사 + 주어인칭대명사 on**t** ‿ **-i**ls

직·목/간·목/중성 대명사 + 동사 Paul nou**s** ‿ **a** vu/parlé...

명령문에서 동사+ 중성대명사 Prend**s** ‿ **-e**n !

그 외: 접속사 quand + 주어인칭대명사(quan**d** ‿ **i**l), 관계대명사 dont + 주어인칭대명사 (don**t** ‿ **e**lle), 몇몇 관용구에서(de temp**s** ‿ **e**n temps...)

• 〈연음을 해서는 안 되는 경우*〉

* 물리적으로는 연음이 가능할 법도 하나 연음을 해서는 안 되는 경우

유음 h로 시작하는 단어 앞에서 un//hasard

명사(구) 주어와 동사 사이 Les amis//ont...

동사와 직·목의 관사 사이 Il veut//un café

단수 명사와 단수 형용사 사이 un enfant//adorable

의문대명사와 대명사 주어 사이 comment//il est ?

접속사 et 뒤에서 un homme et//une femme

명사와 부사 사이 un ouvrier//encore novice

주의! 조동사 **est** [e]와 모음/무음 h로 시작하는 과거분사 사이에서는 연음 하지만, 접속사 **et** [e]와 그 뒤에 나오는 모음/무음 h로 시작하는 단어 사이에서는 연음 해서는 안 됨.

▪ Exemple 1

Il ‿ **est** ‿ **a**llé che**z** ‿ **e**lle et//**il** ‿ **a** dansé toute la nuit.

그는 그녀네 가서 밤새껏 춤을 추었다.

대명사 주어 il 과 조동사 est/a 사이, 조동사 est와 과거분사 allé 사이, 전치사 chez와 강세형 대명사 elle 사이에서는 연음 해 주어야 하는 반면, 접속사 et와 뒤이어 나오는 대명사 주어 il 사이에서는 연음 하면 안 됨.

▪ Exemple 2

Le**s** ‿ **e**nfants//ont des vêtements//encore très sales.

아이들은 아직도 매우 더러운 옷을 입고 있다.

관사 les와 명사 enfants 사이에서는 의무적으로 연음 해 주어야 함. 반면, 명사구 주어 les enfants과 ont 사이에서는 연음을 하면 안 됨. 명사 vêtements과 부사 encore 사이에서도 연음 하면 안 됨.

■ **EXERCICE 1:** 아래 문장에서 연음을 해 주어야 하는 곳에 표시하시오.

a) Ont-ils enfin trouvé quelqu'un ?

b) Déplace le tableau plus à droite !

c) Paul est mon grand ami.

d) Paul vous y amènera.

e) J'aperçois le tableau dont il m'a parlé.

■ **EXERCICE 2:** 아래 문장에서 연음을 해 주어야 하는 곳에 모두 표시하시오.

a) Nous allions pique-niquer de temps en temps.

b) Il est allé au cinéma.

c) Joël est toujours très à l'aise avec eux.

d) Il était presque neuf heures.

e) Elles ont écrit ce livre pendant un long hiver.

■ **EXERCICE 3:** 아래 문장에서 연음을 해 주어야 하는 곳에 모두 표시하시오.

a) Quand elle était petite, elle n'était pas bavarde.

b) Paul nous en a déjà parlé.

c) Vous avez une véritable chance.

d) Ces écoles sont très appréciées des recruteurs.

e) Les enfants bougent sans arrêt.

■ **EXERCICE 4:** 아래 문장에서 연음을 해서는 안 되는 곳에 모두 표시하시오.

a) Combien ils sont ?

b) Les étudiants ont répondu au questionnaire.

c) Un petit hérisson traverse la route.

d) Ce garçon est un enfant attentionné et intelligent.

e) Les élèves écrivent une carte postale à leurs amis.

59 같은 형태, 다른 문법요소

Règle

어떤 문법요소들은 철자나 발음은 동일하나 **문법 범주**와 **속성**, 그리고 문장 안 위치가 다른 경우가 있음. 일반적인 위치를 말할 때 예를 들면,

- **〈le, la, les : 정관사 또는 직·목〉**
  정관사의 le, la, les는 명사 앞에, **직·목**의 le, la, les는 동사 앞에 써 줌.*

  * 긍정명령문에서는 직·목이 예외적으로 동사 뒤에 놓임(간·목과 중성대명사도 마찬가지).
- **〈en : 전치사 또는 중성대명사〉**
  전치사 en은 명사(구)나 강세형 대명사 앞에, **중성대명사** en은 동사 앞에 써 줌.
- **〈lui : 간·목 또는 강세형 대명사〉**
  간·목의 lui는 동사 앞에, **강세형 대명사** lui는 전치사 뒤에, 또는 주로 문장 첫머리나 끝자리에 써 주어 주어나 목적보어를 강조함.
- **〈me, te, nous, vous : 직·목 또는 간·목〉**
  직·목의 me, te, nous, vous는 직접타동사 앞에, **간·목**의 me, te, nous, vous는 간접타동사 앞에 써 줌.

  그 밖에도, **전치사**이기도 하고 **관사**를 대신하기도 하는 **de**('부정문의 de' 또는 'de+복수형용사+복수명사'의 de) ; **주어**일 수도 있고 **강세형 대명사**일 수도 있는 **elle(s) ; 의문대명사** 또는 **관계대명사** 또는 **종속접속사**일 수도 있는 **que ; 의문대명사**일 수도 있고 **관계대명사**일 수도 있는 **qui**나 **où**, 감탄문을 만드는 **종속접속사**일 수도 있고 **전치사**일 수도 있는 **comme** 등이 있음.

■ Exemple 1

Le beau visage de la statue, je **le** regarde attentivement.

조각상의 아름다운 얼굴, 나는 그것을 주의 깊게 바라본다.

첫 번째 le는 정관사, 두 번째 le는 직접목적보어임.

■ Exemple 2

Ils **nous** cherchent, car ils veulent **nous** parler d'**elles**.

그들은 우리를 찾는다. 그녀들에 대해 우리에게 이야기하려 하기 때문이다.

첫 번째 nous는 직·목이고(← chercher qqn), 두 번째 nous는 간·목임(← parler à qqn). 전치사 de 뒤의 elles은 강세형 대명사.

주의! nous, vous는 목적보어 기능 외에도 주어 기능이나 강세형 대명사의 기능도 지닐 수 있으므로 형태적으로는 동일한 하나의 요소가 직·목, 간·목, 주어, 강세형 대명사라는 네 가지 문법적 기능을 지님.

■ Exemple 3

Je pense **que** le livre **que** tu as écrit est un vrai chef-d'œuvre.

나는 네가 쓴 책이 정말 걸작이라고 생각한다.

첫 번째 que는 종속접속사, 두 번째 que는 관계대명사임.

■ **EXERCICE 1:** 이탤릭체 단어가 전치사인지 중성대명사인지 적으시오.

a) J'ai confiance *en* lui. (..............................)

b) Parlons-*en* davantage. (..............................)

c) Paul comprend mieux ses difficultés *en* parlant avec Sabine. (.................)

d) *En* ce qui me concerne, c'est d'accord. (..............................)

e) J'*en* garde un très bon souvenir. (..............................)

■ **EXERCICE 2:** 이탤릭체 단어가 관사인지 전치사인지 적으시오.

a) Elle a *de* beaux vêtements. (..............................)

b) *De* nos jours, les gens achètent moins de journaux papier. (......................)

c) Voici l'adresse *de* mon ami. (..............................)

d) Elle essaie *de* finir le chapitre. (..............................)

e) Il n'y a pas *de* murs. (..............................)

■ **EXERCICE 3:** 이탤릭체 단어가 주어, 직·목, 간·목, 강세형 대명사 중 어느 것인지 적으시오.

a) *Elle* me dit bonjour. (..............................)

b) Dis-*lui* bonjour de ma part. (..............................)

c) Je *le* pense vraiment. (..............................)

d) Je pense à *elle*. (..............................)

e) *Elle*, je la connais. (..............................)

■ **EXERCICE 4:** 이탤릭체 단어가 의문대명사, 관계대명사, 종속접속사 중 어느 것인지 적으시오.

a) Je pense *que* tu as raison. (..............................)

b) Je veux rencontrer le romancier *qui* a écrit ce livre. (..............................)

c) Je me demande *qui* peut bien venir à cette fête. (..............................)

d) Je veux lire le livre *que* tu m'as offert. (..............................)

e) *Que* voulez-vous ? (..............................)

60 직접화법과 간접화법

Règle

직접화법은 어떤 사람의 말이나 생각을 있는 그대로 표현하는 화법이고, **간법화법**은 그것을 **전달하는 사람의 입장에서 표현**하는 화법임.

- 〈직접화법 → 간접화법〉 전환 :
  직접화법에서의 평서문은 간접화법에서 **접속사 que**로 유도되고, 의문문은 **의문사** 또는 **접속사 si**로, 명령문은 **de**로 유도됨. 접속사나 의문사 다음에는 '주어 + 술어' 어순의 절이 나오고 de 다음에는 부정법이 나옴.
- **주절 동사가 과거 시제**일 경우, 직접화법을 간접화법으로 전환할 때, 종속절 동사는 <현재 → 반과거>, <과거 → 대과거>, <미래 → 조건법 현재>, <전미래→ 조건법 과거>로 전환시켜야 함. **시제**뿐 아니라 **인칭대명사**, **소유형용사**, **시간·장소 부사** 등도 적절히 변화시켜야 함(시간·장소 부사 변화의 예. aujourd'hui → ce jour-là, ce soir → ce soir-là, hier → la veille, maintenant → alors, demain→ le lendemain, ici → là, la semaine prochaine → la semaine suivante, la semaine dernière → la semaine précédente, il y a trois jours → trois jours plus tôt, dans trois jours → trois jours plus tard 등).

▪ Exemple 1

Isabelle me dit : « Je partirai demain. » 이자벨은 '나는 내일 떠나.'라고 말한다.

Isabelle me dit **qu'elle partira** demain. 이자벨은 자신이 내일 떠난다고 말한다.

직접화법에서의 평서문 'Je partirai demain.'이 간접화법에서는 접속사 que로 유도되었고, 주절 동사가 현재 시제이므로 간접화법 전환 시 종속절 시제는 불변하며 인칭대명사만 알맞게 변화시켰음(je → elle).

▪ Exemple 2

Isabelle m'avait dit : « Je partirai demain. »

이자벨은 '나는 내일 떠나.'라고 말했었다.

Isabelle m'avait dit **qu'elle partirait le lendemain**.

이자벨은 자신이 다음 날 떠난다고 말했었다.

직접화법에서 주절 동사가 과거/대과거 시제면, 간접화법으로 전환할 때 종속절 시제를 적절히 변화시켜야 함. 여기서 직접화법에서 단순미래였던 partirai가 '과거 속의 미래'를 나타내는 조건법 현재(partirait)로 변화하였음. 또한 직접화법에서는 demain이었던 시간부사를 간접화법에서는 le lendemain으로 대체하였음.

▪ Exemple 3

Jean nous a demandé : « Ne soyez pas en retard ! »

장은 우리에게 '늦지들 마십시오!'라고 부탁했다.

Jean nous a demandé **de ne pas être en retard**.

장은 우리에게 늦지 말라고 부탁했다.

직접화법에서의 명령문 Ne soyez pas en retard !를 간접화법에서는 'de + 부정법절'로 전환하였음.

■ **EXERCICE 1:** 제시된 문장을 **que**나 의문사로 알맞게 유도하여 간접화법의 문장을 완성하시오.

a) « Je te téléphonerai. » → Elle me promet ....
b) « Je voudrais partir plus tôt. » → Vous dites ....
c) « Nous ne mentons pas ! » → Ils me disent ....
d) « Je préfère aller à la montagne. » → Il me dira ....
e) « Qui êtes-vous ? » → Il me demande ....

■ **EXERCICE 2:** 제시된 문장을 **que**나 **si**나 의문사로 알맞게 유도하여 간접화법의 문장을 완성하시오.

a) « Je te téléphonerai. » → Elle m'a promis ....
b) « Je voudrais partir plus tôt. » → Vous avez dit ....
c) « Nous ne mentons pas ! » → Ils m'ont dit ....
d) « Ils partent tout de suite ? » → Il m'a demandé ....
e) « Pourquoi partez-vous ? » → Il m'a demandé ....

■ **EXERCICE 3:** 제시된 문장을 **de**로 유도하여 간접화법의 문장을 완성하시오.

a) « Range ta chambre ! » → Il m'ordonne ....
b) « Soyez à l'heure ! » → Il leur ordonne ....
c) « Faites particulièrement attention ! » → Il leur a ordonné ....
d) « Ne faites pas de bruit ! » → Il leur ordonnera ....
e) « Partons tout de suite ! » → Il leur a proposé ....

■ **EXERCICE 4:** 시간·장소 부사의 변화에 주의하면서 간접화법의 문장을 완성하시오.

a) « Il neigera demain. » → Jean disait ....
b) « Je rentrerai la semaine prochaine. » → Jean disait ....
c) « Je suis arrivé hier. » → Jean disait ....
d) « Je l'ai rencontré hier soir. » → Il m'a dit ....
e) « J'irai au bord de la mer ce soir, dès que j'aurai terminé mon article. »
→ Jean disait ....

핵심 프랑스어 문법규칙 60

해설과 정답

1. 정관사 le, la, l', les

■ **EXERCICE 1:** 알맞은 정관사를 써 넣으시오.

a) **le** voyage
b) **l'**année
c) **les** jours
d) **la** haine
e) **la** fleur

■ **EXERCICE 2:** 복수형으로 만드시오.

a) l'université → **les universités**
b) le fauteuil → **les fauteuils**
c) l'image → **les images**
d) l'ours → **les ours**
단수형에서 –s로 끝나는 명사는 복수형에서 따로 s를 추가하지 않음.
e) le plan → **les plans**

■ **EXERCICE 3:** 알맞은 정관사를 채워 넣으시오.

a) **Les** Coréens adorent **les** jeux vidéo.
기호동사의 목적보어 명사 앞에는 정관사를 써 줌.
b) **Le** premier livre d'Anne est génial.
c) J'espère visiter **la** Tour Eiffel un jour.
d) Michel répare **l'**ordinateur.
e) **La** lune est souvent associée à la féminité.

■ **EXERCICE 4:** 알맞은 정관사를 채워 넣으시오.

a) Elle a **les** yeux plus gros que **le** ventre.
신체일부를 가리키는 '눈, 배, 등, 다리' 등의 명사는 그 앞에 일반적으로 정관사를 써 주며 소유주는 문장 내 주어나 목적보어로 표현됨.
b) **Le** dos me gratte.
c) Il a mal à **la** jambe gauche.
d) Il se croise souvent **les** bras.
e) J'ai **les** pieds enflés.

2. 부정관사un, une, des, de

■ **EXERCICE 1:** 알맞은 부정관사를 써 넣으시오.

a) **une** clé
b) **des** fleurs
c) **une** imagination
d) **un** musée
e) **une** fée

■ **EXERCICE 2:** 복수형으로 만드시오.

a) un téléphone → **des téléphones**
b) un cheval → **des chevaux**
c) un nuage → **des nuages**
d) un cours → **des cours**
e) une étudiante → **des étudiantes**

■ **EXERCICE 3:** 알맞은 부정관사를 채워 넣으시오.

a) **Un** homme est dans le jardin.
b) Paul cherche **des** alliés.
c) J'ai **une** faim de loup.
d) François a **une** de ses peurs!
e) C'est **une** maison bien ensoleillée.

■ **EXERCICE 4:** 부정관사가 필요한 경우 알맞은 부정관사를 채워 넣으시오.

a) Mélanie cherche **un** appartement.
b) Il y a **un** soleil éclatant.
c) Jeanne est architecte.
관사를 써 주지 않는 맥락임.
d) **Une** promesse est une promesse.
e) Frédéric est **un** Français atypique.

3. 부분관사 du, de la, de l'

■ **EXERCICE 1:** 알맞은 부분관사를 써 넣으시오.

a) **du** vin
b) **de la** purée
c) **de l'**orage
d) **de l'**affection
e) **de la** salade

■ **EXERCICE 2:** 알맞은 부분관사를 채워 넣으시오.

a) Bois **du** lait pour grandir.
b) Il faut **de la** patience.
c) Vous avez encore **du** pain?
d) J'ai **du** temps.
e) Tu as **de l'**essence?

■ **EXERCICE 3:** 부분관사, 정관사, 부정관사 중 알맞은 관사를 채워 넣으시오.

a) **Le** vent se lève.
b) Il y a **du** vent ce matin.
c) Il y a **un** vent violent.
d) Cette maison a **du** charme.
e) Cette maison a **un** charme fou.

■ **EXERCICE 4:** 부분관사, 정관사, 부정관사 중 맥락에 맞는 관사를 채워 넣으시오.

a) 쥴리에뜨가 시장에서 닭 가슴살을 산다.
→ Juliette achète **du** poulet.
b) 쥴리에뜨가 시장에서 통닭 한 마리를 산다.
→ Juliette achète **un** poulet rôti.
c) 아버지가 소유하고 있는 가보로 내려오는 바로 그 테이블을 발견한 아들이 말한다.
→ C'est **la** table de mon père.
d) 아버지가 소유하고 있는 여러 테이블 중 어떤 한 테이블을 발견한 아들이 말한다.
→ C'est **une** table de mon père.

4. 무관사 명사

■ **EXERCICE 1:** 다음 중 알맞은 무관사 명사를 채워 넣어 문장을 완성하시오.

attention, confiance, raison, carte blanche
a) Ils lui donnent **raison/carte blanche.**
b) Ils y prêtent **attention.**
c) Tu as **raison/confiance/carte blanche.**
d) Elle inspire **confiance.**
e) Aie **confiance** !

■ **EXERCICE 2:** 무관사(Ø), 정관사, 부정관사, 부분관사 중 알맞은 관사를 채워 넣으시오.

a) J'ai très **Ø** sommeil.

b) Elle a **un** sommeil de plomb.

sommeil(잠)을 de plomb(깊은)이 수식해 주어 '여러 부류의 잠 중에서도 깊은 잠'으로서 하위분류 되었으므로 부정관사 un을 써 줌.

c) Ils ont élu Paul **Ø** président.

'élire qqn qqch(~를 ~으로 선출하다)' 구조로서 qqch를 나타내는 명사(président)는 목적보어(Paul)의 속사 기능을 하며, 목적보어 속사는 주어 속사와 마찬가지로 무관사 명사로 써 줌.

d) Les moutons mangent **de l'**herbe.

e) Cette bague est en **Ø** or.

En or, en cuir, en soie 등의 재료를 나타내는 표현이나 en taxi, en train, en avion 등의 교통수단을 나타내는 표현에서 전치사 en 뒤의 명사는 무관사 명사를 써 줌.

■ **EXERCICE 3:** 무관사**(Ø)**, 정관사, 부정관사, 부분관사 중 알맞은 관사를 채워 넣으시오.

a) Luc aime **le** fromage.

b) Lucie n'aime pas **le** fromage.

c) La nuit porte **Ø** conseil.

d) Il hausse **les** épaules.

e) Il nous reçoit avec **Ø** gentillesse.

avec gentillesse, avec amabilité, avec passion, 등은 'avec + 무관사 명사'의 관용 표현임.

■ **EXERCICE 4:** 무관사**(Ø)**, 정관사, 부정관사, 부분관사 중 알맞은 관사를 채워 넣으시오.

a) Il nous reçoit avec **une** gentillesse inouïe.

gentillesse(친절함)이 inouïe (상상을 뛰어넘는)으로 하위분류 되었으므로 부정관사 une를 써 줌.

b) Paul se déplace tout le temps en **Ø** métro.

c) **Ø** Séoul est la capitale de **la** Corée.

d) J'ai **la** tête qui tourne.

e) Il parle d'astronomie avec **Ø** passion.

5. 부정문의 *de*

■ **EXERCICE 1:** 부정문의 **de**를 알맞게 써 넣어 문장을 완성하시오.

a) Il veut un prix. → Il ne veut pas **de** prix.

b) Il cherche un appartement. → Il ne cherche pas **d'**appartement.

c) Il dessine des fleurs. → Il ne dessine pas **de** fleurs.

d) Il y a des livres à vendre. → Il n'y a pas **de** livres à vendre.

주의! 'il y a~' 관용구를 쓰는 Il y a des livres à vendre 같은 문장을 부정문으로 전환할 때도 문장구조상 'des livres'가 여전히 avoir 동사의 **직접목적보어**이므로 '부정문의 de'를 써 주어 Il n'y a pas **de** livres à vendre로 됨.

e) Il prend de la viande. → Il ne prend pas **de** viande.

■ **EXERCICE 2:** 필요한 경우 정관사, 부정관사, 부분관사, '부정문의 **de**' 중 알맞은 관사를 채워 넣으시오.

a) Elle n'a pas très sommeil.
긍정문에서 무관사이던 명사는 부정문에서도 계속해서 무관사 명사임.

b) Ces moutons ne mangent pas **d'**herbe.

c) On n'a pas élu Paul président.

d) Lucie n'aime pas **le** fromage.
정관사 + 명사는 부정문에서도 불변함.

e) Elle n'a pas **un** sommeil de plomb.
해당 긍정문 Elle a un sommeil de plomb에서 un을 써 준 이유는 sommeil(잠)을 de plomb(깊은)이 수식해 주어 '잠'이 '여러 부류의 잠 중에서도 깊은 잠'으로서 하위분류 되었기 때문으로 이 때의 un은 '~부류의' 정도의 의미를 나타냄. 이처럼 '~부류의'라는 의미를 나타내는 부정관사는 부정문에서도 '부정의 de'로 변하지 않음.

■ **EXERCICE 3:** 부정문으로 다시 쓰시오.

a) Elle prend un repas. → **Elle ne prend pas de repas.**

b) Il a des frères ? → **Il n'a pas de frères ?**

c) J'ai des magazines. → **Je n'ai pas de magazines.**

d) Cécile a une robe à mettre. → **Cécile n'a pas de robe à mettre.**

e) Les frères de Paul viennent ce soir. → **Les frères de Paul ne viennent pas ce soir.**

■ **EXERCICE 4:** 부정문으로 다시 쓰시오.

a) Il cherche de l'or. → **Il ne cherche pas d'or.**

b) Tu veux de la sauce ? → **Tu ne veux pas de sauce ?**

c) Paul a de la chance. → **Paul n'a pas de chance.**

d) Ils ont du courage. → **Ils n'ont pas de courage.**

e) Vous avez froid ? → **Vous n'avez pas froid ?**

6. 명사의 문법성과 여성형

■ **EXERCICE 1:** 아래 명사들을 남성명사와 여성명사로 구분하시오.

conjugaison, mariage, travail, âge, invention, journal, boulevard, seau, comtesse, vendeur, pompier, invasion, chance, paysanne, image, carnaval, silhouette, philosophe, étude, page

남성명사: **mariage, travail, âge, journal, boulevard, seau, vendeur, pompier,**

carnaval, philosophe

여성명사: **conjugaison, invention, comtesse, invasion, chance, paysanne, image, silhouette, étude, page**

주의! -age로 끝났으나 여성명사인 명사 다섯 개(page, image, plage, nage, rage)를 제외한 다른 '-age' 명사는 모두 남성명사임.

■ **EXERCICE 2:** 여성명사로 만드시오.

a) romancier → **romancière**
b) danseur → **danseuse**
c) traducteur → **traductrice**
d) paysan → **paysanne**
e) cadet → **cadette**

■ **EXERCICE 3:** 여성명사로 만드시오.

a) Canadien → **Canadienne**
b) étranger → **étrangère**
c) architecte → **architecte**
d) espion → **espionne**
e) comte → **comtesse**

-e로 끝나는 모든 명사가 남·여성 동형이지는 않으며 comte/comtesse 같은 예외도 있음.

■ **EXERCICE 4:** 이탤릭체 명사의 여성형으로 문장을 완성하시오.

a) C'est un *Français* ou une **Française** ?
b) C'est un *ami* ou une **amie** ?
c) C'est un *violoniste* ou une **violoniste** ?
d) C'est un *pharmacien* ou une **pharmacienne** ?
e) C'est un *acteur* ou une **actrice** ?

7. 명사의 복수형

■ **EXERCICE 1:** 복수형으로 만드시오.

a) un détail → **des détails**
b) un chapeau → **des chapeaux**
c) une souris → **des souris**
d) une danseuse → **des danseuses**
e) un choix → **des choix**

■ **EXERCICE 2:** 복수형으로 만드시오.

a) un signal → **des signaux**
b) un ananas → **des ananas**
c) un tabou → **des tabous**
d) un bijou → **des bijoux**
e) un carnaval → **des carnavals**

■ **EXERCICE 3:** 복수형으로 만드시오.

a) un porte-clés → **des porte-clés**
'동사 + 명사' 구조의 복합명사에서 '동사'에는 복수어미를 붙이지 않음(porte). 또한 '명사'에 원래 –s가 붙어 있는 경우 또 다른 –s를 추가하지 않음(clés).
b) un arc-en-ciel → **des arcs-en-ciel**
c) une tasse à café → **des tasses à café**
d) un café-théâtre → **des cafés-théâtres**
e) un timbre-poste → **des timbres-poste**

■ **EXERCICE 4:** 이탤릭체 복합명사에서 두 번째 명사에 **–s**가 붙지 않은 이유를 설명하시오.

a) Ils font des *ventes flash*.
'명사 + 명사' 구조에서 의미상 두 번째 명사가 첫 번째 명사를 수식하므로.
b) Ce sont des *films culte*.
'명사+명사' 구조에서 의미상 두 번째 명사가 첫 번째 명사를 수식하므로.
c) Les *chefs-d'œuvre* de Chopin sont innombrables.
'명사 + 전치사 + 명사' 구조에서는 첫 번째 명사에만 복수어미를 붙여 주므로.

8. 형용사의 여성형

■ **EXERCICE 1:** 형용사의 여성형을 쓰시오.

a) content → **contente**
b) secret → **secrète**
c) sûr → **sûre**
d) fataliste → **fataliste**
e) joyeux → **joyeuse**

■ **EXERCICE 2:** 형용사의 여성형으로 채워 넣으시오

a) net → une ligne **nette**
b) neuf → une nappe **neuve**

c) long → une manche trop **longue**
d) sot → une idée **sotte**
e) mignon → une fille **mignonne**

■ **EXERCICE 3:** 이탤릭체 형용사의 여성형을 채워 넣어 문장을 완성하시오.

a) Paul est *favori* ; Marie est **favorite.**
b) Paul est très *doux* ; Marie est très **douce.**
c) Paul est *fidèle* à lui-même ; Marie est **fidèle à** elle-même
d) Paul est *fort* en maths ; Marie est **forte** en maths.
e) Paul est *bon* en maths ; Marie est **bonne** en maths.

■ **EXERCICE 4:** 괄호 안의 형용사를 순서대로 여성형으로 채워 넣으시오.

a) Cette dame est **jeune** ou **vieille** ? (jeune-vieux)
b) Cette école est **publique** ou **privée**? (public-privé)
c) Cette maison est **neuve** ou **ancienne**? (neuf-ancien)
d) Sa femme est **gentille** ou **méchante**? (gentil-méchant)
e) Elle cherche une robe **blanche** ou **blanc cassé**? (blanc-blanc cassé)
blanc cassé는 '색채가 약간 가미된 흰색/아이보리색'의 뜻으로 cassé가 blanc을 꾸며주어 색깔 형용사 자체(blanc)가 다른 단어(cassé)에 의해 수식을 받으므로 불변함. 따라서 이때 blanc cassé는 여성명사 robe를 꾸며주지만 여성형으로 변하지 않음.

9. 형용사의 복수형

■ **EXERCICE 1:** 형용사의 복수형을 쓰시오.

a) français → **français**
b) international → **internationaux**
c) faux → **faux**
d) fataliste → **fatalistes**
e) banal → **banals**

■ **EXERCICE 2:** 형용사의 복수형을 채워 넣으시오.

a) un sac bleu → des sacs **bleus**
주의! -eu로 끝나는 **형용사**의 복수형에는 규칙적으로 복수어미 -s를 붙여주어, -eu으로 끝나는 **명사**의 복수형에 복수어미 -x를 붙여 주는 것과 차이를 보임(예. cheveu → cheveux).
b) une voiture neuve → des voitures **neuves**
c) un enfant sourd-muet → des enfants **sourds-muets**
d) un exercice oral → des exercices **oraux**

e) une réunion internationale → des réunions **internationales**

■ **EXERCICE 3:** 괄호 안의 형용사를 알맞은 형태로 채워 넣으시오.

a) Ils sont **excellents** ? (excellent)
b) Ils sont **beaux** ? (beau)
c) Elles sont **émouvantes** ? (émouvant)
d) Elles sont **cruelles** ? (cruel)
e) Elles sont **amicales** ? (amical)

■ **EXERCICE 4:** 괄호 안의 형용사를 알맞은 형태로 채워 넣으시오.

a) Marie et Paul sont **nouveaux** dans ce quartier. (nouveau)
b) Marie et Claire sont **nouvelles** dans ce quartier. (nouveau)
c) Ces événements leur sont **fatals**. (fatal)
d) Ce sont des plantes **sous-marines**. (sous-marin)
e) Marie et Claire sont **sourdes-muettes**. (sourd-muet)

10. 품질형용사

■ **EXERCICE 1:** 괄호 안에 주어진 품질형용사를 알맞은 위치에 채워 넣으시오.

a) J'ai un sac **robuste**. (robuste)
b) Tu es une **grande** fille maintenant ! (grande)
c) Il a un caractère **généreux**. (généreux)
d) C'est une **bonne** idée. (bon)
e) C'est une idée **trop bête**. (trop bête)

■ **EXERCICE 2:** 괄호 안의 어휘를 이용하여 프랑스어로 쓰시오.

a) 한 예쁜(joli) 소녀 → une **jolie fille**
b) 한 매우(extrêmement) 예쁜 소녀 → une **fille extrêmement jolie**
c) 한 우수한(bon) 학생 → un **bon étudiant**
d) 한 매우(extrêmement) 우수한 학생 → un **étudiant extrêmement bon**
e) 한 예쁘고 명랑한(joyeux) 소녀 → une **fille jolie et joyeuse**

■ **EXERCICE 3:** 괄호 안의 품질형용사를 알맞은 형태로 채워 넣으시오.

a) Mon **cher** frère me donne un ordinateur très **cher**. (cher)
b) Dans ce **nouveau** monde, Paul est un **nouveau** héro. (nouveau)
유음 h로 시작하는 명사는 자음으로 시작하는 명사와 똑같이 취급하여 héro 앞에 nouveau를 써 주었음.
c) C'est un mariage entre un **beau** prince et une **belle** princesse. (beau)

d) C'est un mariage entre un **bel** homme et une **belle** femme. (beau)
e) Vincent est un très **vieil** homme. (vieux)

■ **EXERCICE 4 :** 괄호 안의 품질형용사를 알맞은 형태로 채워 넣으시오.

a) Cette pièce n'est pas assez **spacieuse**. (spacieux)
b) Ces dames sont très **âgées**. (âgé)
c) Ces histoires sont **ennuyeuses**. (ennuyeux)
d) Ce garçon est **bon** à rien. (bon)
e) Julie et sa mère sont **vieilles**. (vieux)

11. 지시형용사 *ce, cet, cette, ces*

■ **EXERCICE 1: ce, cet, cette, ces** 중 알맞은 지시형용사를 채워 넣으시오.

a) Attrape **cette** balle !
b) Regarde **cette** jolie fleur !
c) Mange **ce** gâteau !
d) Ouvre **cette** porte !
e) Range **ces** papiers !

■ **EXERCICE 2: ce, cet, cette, ces** 중 알맞은 지시형용사를 채워 넣으시오.

a) Claire apprend l'italien **cet** été.
b) **Ces** maisons sont vraiment magnifiques !
c) **Ce** petit carnet est bien utile.
d) **Cette** nuit, je ferai un beau rêve.
e) Je veux **ces** tableaux !

■ **EXERCICE 3:** 알맞은 지시형용사로 문장을 완성하시오.

a) 오늘 저녁 나는 영화를 본다. → **Ce** soir, je regarde un film.
b) 이 안경은 누구의 것입니까? → A qui sont **ces** lunettes ?
c) 그 여가수의 노래를 들읍시다. → Ecoutons **cette** chanteuse !
d) 너는 이 연습문제를 풀 수 있니? → Tu peux répondre à **cet** exercice ?
e) 그녀가 그 초등학생을 칭찬한다. → Elle fait l'éloge de **cet(te)** élève.
élève는 남·여성 동형이므로 그 앞에 지시형용사로 남성형(cet)과 여성형(cette)이 다 나올 수 있음.

■ **EXERCICE 4:** 알맞은 지시형용사 복합형으로 문장을 완성하시오.

a) 나는 (여기) 이 소설이 더 좋다. → Je préfère **ce** roman-**ci**.
b) (저기) 저 책 좀 건네줄래? → Tu me passes **ce** livre-**là** ?

c) (저기) 저 원피스를 사라. → Achète **cette** robe-**là** !
d) (저기) 저 양말들을 가져가라. → Prends **ces** chaussettes-**là** !
e) 차라리 (여기) 이 책들을 읽어라. → Lis plutôt **ces** livres-**ci** !

12. 소유형용사 *mon, ma, mes...*

■ **EXERCICE 1: votre**와 **vos** 중 알맞은 소유형용사를 채워 넣으시오

a) Quel est **votre** nom ?
b) Quels sont **vos** souhaits ?
c) **Vos** fils se disputent souvent ?
fils만 따로 떼어 놓고 본다면 그 앞의 소유형용사로 단수형(votre)과 복수형(vos)이 둘 다 가능하나 문장의 동사가 3인칭 복수형(se disputent)이므로 여기서는 복수형 소유형용사 vos만 쓸 수 있음.
d) **Votre** femme est grande ?
e) **Votre** ordinateur marche bien ?

■ **EXERCICE 2: leur**와 **leurs** 중 알맞은 소유형용사를 채워 넣으시오

a) **Leur** train arrive à l'heure.
b) **Leurs** voitures sont garées dans le jardin.
c) Ils vendent **leur** bateau.
d) Paul et Marie prennent **leur** parapluie.
parapluie(우산)이 단수이므로 여기서 '그들의 우산(leur parapluie)'은 '그들'이 '뽈과 마리'를 받는다고 하였을 때 뽈과 마리가 공유하는 하나의 우산을 가리킴.
e) Paul et Marie prennent **leurs** parapluies.
parapluies(우산)이 복수이므로 여기서 '그들의 우산(leurs parapluies)'은 '그들'이 '뽈과 마리'를 받는다고 하였을 때 뽈의 우산과 마리의 우산, 즉 복수로 존재하는 우산들을 가리킴.

■ **EXERCICE 3:** 괄호 안에 제시된 소유형용사를 알맞게 채워 넣으시오.

a) Tu vas où pendant **tes** vacances ? (너의)
b) **Ton** coiffeur est en vacances. (너의)
c) **Ton** université est connue. (너의)
여성명사 앞에는 원래 ta를 써야 하지만 université가 모음으로 시작하는 여성명사이므로 ta대신 ton을 썼음.
d) **Leur** maison est magnifique. (그들의)
e) Ils vont en Chine voir **leurs** amis. (그들의)

■ **EXERCICE 4:** 괄호 안에 제시된 소유형용사를 알맞게 채워 넣으시오.

a) **Votre** école est loin d'ici ? (너희들의)
b) **Leur** voiture est toute neuve. (그녀들의)

leur는 '그들의' 또는 '그녀들의'의 의미를 나타낼 수 있음.

c) **Son** usine est immense. (그녀의)
모음으로 시작하는 여성명사 앞에서 sa대신 son을 썼음.

d) **Notre** parapluie est rangé là-bas. (우리의)
이때 우산은 하나뿐임.

e) Nous allons en Italie pour voir **nos** parents. (우리의)

13. 의문/감탄 형용사와 부정형용사

■ **EXERCICE 1:** 알맞은 의문형용사를 채워 넣으시오.

a) **Quel** jour partez-vous ? A **quelle** heure ?

b) **Quel** est votre avis sur le projet de réaménagement ?

c) A **quelle** occasion tu la vois ?

d) **Quelles** sont vos objections ?

e) A **quelle** station descendez-vous ?

■ **EXERCICE 2:** 알맞은 감탄형용사를 채워 넣으시오.

a) Benjamin ne comprend rien. **Quel** idiot !

b) Regarde ce palace ! **Quel** luxe !

c) Voilà l'actrice principale ! **Quelle** beauté !

d) **Quelles** belles voitures !

e) **Quel/Quels** délicieux repas !
기본형에서 각각 –x와 -s로 끝나는 형용사délicieux 와 명사 repas는 단수, 복수 동형임. 따라서 그 앞의 감탄형용사도 단수형(quel)과 복수형(quels)이 모두 나올 수 있음.

■ **EXERCICE 3:** 다음 중 알맞은 부정형용사로 문장을 완성하시오.

aucun(e)(s), autre(s), certain(e)(s), chaque, différent(e)s, même(s), plusieurs, quelque(s), tel(le)(s), tout(e)/tous/toutes

a) Je n'ai **aucune** raison d'y aller.

b) Elle est choquée par une **telle** conduite.

c) Un **certain** journaliste veut me voir.

d) Il manque encore un billet. Va acheter un **autre** billet !

e) Tu aimes **tous** ces livres ?

■ **EXERCICE 4:** 다음 중 알맞은 부정형용사로 문장을 완성하시오.

aucun(e)(s), autre(s), certain(e)(s), chaque, différent(e)s, même(s), plusieurs, quelque(s), tel(le)(s), tout(e)/tous/toutes

a) Avez-vous **quelques** secondes à m'accorder ?
b) **Chaque** dimanche, il va se promener dans le parc.
c) **Tous** les dimanches, il va se promener dans le parc.
d) **Toutes** mes filles sont musiciennes.
e) Vous avez besoin d'une seule place ou de **plusieurs** places ?

14. 수형용사

■ **EXERCICE 1:** 괄호 안의 숫자를 알맞은 프랑스어 수사로 적어 넣으시오.

a) Combien de revues as-tu lues ? – J'en ai lu **cinq**. (5)
b) As-tu fini de lire le **premier** chapitre ? (1er)
c) Nous sommes le **vingt-et-un** février. (21)
d) Jeanne, c'est déjà la **quatrième** personne qui dit cela. (4e)
e) Combien de maisons construisent-ils ? – Ils construisent **vingt-et-une** maisons. (21)
기수형용사 un은 여성명사 앞에서 une으로 변함. Un을 포함하는 다른 숫자(21, 31, 101 등)도 같은 방식으로 변함.

■ **EXERCICE 2:** **trois**와 **les trois** 중 알맞은 표현을 채워 넣으시오.

a) Vous préférez la rouge, la noire ou la blanche ? – J'aime bien **les trois**.
b) **Trois** de mes amis ont déménagé à Paris.
c) Vos recettes ont l'air à la fois délicieuses et accessibles. Je vais en essayer **trois**.
d) Laquelle de ces trois chaises devons-nous prendre ? – **Les trois** me paraissent adaptées. Prends n'importe laquelle!
e) Plusieurs étudiants ont été absents aux examens. **Trois** d'entre eux sont autorisés à passer les rattrapages.

■ **EXERCICE 3:** 이탤릭체 부분을 중성대명사 **en**으로 받아 문장을 다시 쓰시오.

a) Ils ont visité dix *appartements*. → Ils en **ont visité dix**.
중성대명사 en은 반드시 'de + 명사구'만을 받지 않고 수사로 수식 받는 명사의 경우 단지 명사만을 받을 수도 있음.
b) Ils ont eu six *enfants*. → Ils en **ont eu six**.
c) Nous avons acheté trois *avocats*. → Nous en **avons acheté trois**.
d) Vous avez eu douze *jours de congé*. → Vous en **avez eu douze**.
e) Elles ont lu cinq *romans*. → Elles en **ont lu cinq**.

■ **EXERCICE 4:** 괄호 안의 숫자를 알맞은 프랑스어 수사로 적어 넣으시오.

a) Ce monument est repeint tous les **six** ans. (6)

b) Cette société emploie **quatre cent cinquante** salariés. (450)
c) **Quatre-vingts** scientifiques ont participé au projet. (80)
d) Ma grand-mère fête ses **quatre-vingt-dix-neuf** ans cette année. (99)
e) Ce site reçoit **six millions** de visiteurs chaque année. (6 000 000)

15. 비교급과 최상급

■ **EXERCICE 1:** 괄호 안에 주어진 지시에 따라 비교급 문장을 완성하시오.

a) Fréderic est **plus grand que** son frère. (grand ; +)
b) Elle est **aussi élégante que** sa mère. (élégant ; =)
c) Emma travaille **plus passionnément que** son frère. (passionnément ; +)
d) Il boit **moins que** ses collègues. (-)
e) Il voyage **autant que** ses prédécesseurs. (=)

■ **EXERCICE 2:** 괄호 안에 주어진 지시에 따라 비교급 문장을 완성하시오.

a) Manon a **autant de** temps qu'elle souhaite. (=)
b) Pierre fait **moins d'**effort que Sébastien. (-)
c) Je fais **plus de** sport que mes amis. (+)
d) Il a **autant de** cours que moi cette année. (=)
e) Juliette a **autant de** robes que **de** pantalons. (=)
직접목적보어 기능을 하는 명사가 비교의 대상이 되는 경우, 비교되는 첫 번째 명사 앞에는 autant de(또는 plus de, moins de)를 써 주고, 두 번째 명사 앞에는 전치사 de를 반복해서 써 줌.

■ **EXERCICE 3:** 괄호 안에 주어진 지시에 따라 비교급 문장을 완성하시오.

a) Vincent travaille **mieux que** l'an dernier. (bien ; +)
b) Cette candidate est **meilleure que** la précédente. (bon ; +)
c) Le bleu te va bien, mais l'orange te va encore **mieux**. (bien ; +)
d) Cette tarte est **moins bonne que** la tienne. (bon ; -)
e) Jonathan est **pire que** son père! (mauvais ; +)
형용사 mauvais는 비교급과 최상급에서 각각 pire와 le/la/les pire(s)로서 특수형태를 취함.

■ **EXERCICE 4:** 괄호 안에 주어진 지시에 따라 최상급 문장을 완성하시오.

a) Manon est **la plus brillante**. (brillant ; +)
b) Ce trajet est **le moins cher**. (cher ; -)
c) L'avenue des Champs-Élysées est **la plus belle** avenue du monde. (beau ; +)
d) Vincent est **le meilleur** élève de sa classe. (bon ; +)
e) C'est elle qui chante **le mieux** parmi toutes les filles. (bien ; +)

16. 주어인칭대명사 *je, tu, il, elle...*

■ **EXERCICE 1: Je**나 **J'** 중 알맞은 형태를 쓰시오.

a) **Je** suis Français.
b) **J'**ai 21 ans.
c) **J'**habite à Paris.
d) **Je** joue au football le dimanche.
e) **J'**adore le sport!

■ **EXERCICE 2:** 알맞은 주어인칭대명사를 채워 넣어 문장을 완성하시오.

a) Marie et Claire sont prêtes. **Elles** partent pour Londres dans cinq minutes.
b) Un vieux monsieur joue avec sa petite fille. **Ils** sont attendrissants.
c) Jean-Claude, **tu** n'as pas faim ?
d) Pierre et moi, **nous** nous installons à Barcelone.
e) **Il** est important de se reposer suffisamment.

■ **EXERCICE 3:** 알맞은 주어인칭대명사를 채워 넣어 문장을 완성하시오.

a) Paul épluche les bananes, mais **elles** sont trop mures !
3인칭 단수, 복수 대명사는 항상 사람만을 대신 받지 않음. 여기서 elles은 les bananes(바나나)를 받음.
b) Regarde ces gros arbres. **Ils** sont beaux !
c) Regarde cette voiture de sport. Comme **elle** est belle !
d) J'adore ces bottes. **Elles** sont parfaites pour aller marcher.
e) Cette table en bois, **elle** me convient bien.

■ **EXERCICE 4: On**이 일반적 사람을 가리키는지 특정한 사람을 가리키는지(누구를 가리키는지) 적으시오.

a) On lui a volé son sac. Elle n'a plus de pièce d'identité. **모르는 일반적 사람**
b) Vincent et moi, on sait bien que vous avez entièrement raison. **특정한 사람: 우리**
c) Cet été, tu fais quoi ? On peut faire un voyage ensemble ? **특정한 사람: 우리**
d) On dit que le Premier ministre s'adresse aux médias cet après-midi. **모르는 일반적 사람**
e) On est vraiment désolées ! **특정한 사람: (모두 여성으로 이루어진) 우리들.**
형용사 désolées 가 주어 on 과 의미상(여성복수) 일치하여 on이 모두 여성으로 구성된 특정한 사람들을 가리키는 것임을 알 수 있음.

17. 직접목적보어 대명사 *me, te, le, la...*

■ **EXERCICE 1:** 알맞은 직·목 인칭대명사를 채워 넣으시오.

a) Tiens, Julie est là ! Tu **la** vois ?
b) Tiens, tes parents sont là ! Tu **les** vois ?
c) Tiens, ton mari est là ! Tu **le** vois ?
d) Tiens, tes sœurs sont là ! Tu **les** vois ?
e) Tiens, ta cousine est là ! Tu **la** vois ?

■ **EXERCICE 2:** 알맞은 직·목 인칭대명사를 채워 넣으시오.

a) Ton frère, je **le** connais bien.
b) Ton fantasme, je **le** connais bien.
3인칭 단수, 복수 대명사는 항상 사람만을 대신 받지 않음. 여기서 le는 ton fantasme(너의 환상)을 받음.
c) Cette ville, je **la** connais bien.
d) Tes collègues, je **les** connais bien.
e) Son histoire, je **la** connais bien.

■ **EXERCICE 3:** 이탤릭체 부분을 알맞은 직·목 인칭대명사로 받아 문장을 완성하시오.

a) Je cherche *Marie*. → Je **la** cherche.
b) Je cherche *le bureau de Marie*. → Je **le** cherche.
'Le bureau de Marie'의 단어군에서 핵심어는 bureau(사무실)임. 따라서 bureau의 성·수인 '남성단수'를 받는 직·목 le를 써 줌.
c) Yves rencontre *la sœur de Paul*. → Yves **la** rencontre.
d) Yves rencontre *Paul* ce soir. → Yves **le** rencontre ce soir.
e) Aude habille *sa fille*. → Aude **l'**habille.
무음 h로 시작하는 동사(habiller) 앞에서 sa fille를 받는 직·목 la가 l' 형태로 변하였음.

■ **EXERCICE 4:** 이탤릭체 부분을 알맞은 직·목 인칭대명사로 받아 문장을 완성하시오.

a) Bernard invite *Paul* chez lui. → Bernard **l'**invite chez lui.
모음으로 시작하는 동사(inviter) 앞에서 직·목 Paul을 받는 le가 l' 로 변하였음.
b) Bernard invite *la sœur de Paul* chez lui. → Bernard **l'**invite chez lui.
c) Bernard invite *Paul et sa femme* chez lui. → Bernard **les** invite chez lui.
d) Bernard invite *Paul et moi* chez lui. → Bernard **nous** invite chez lui.
e) Bernard invite *vos enfants et vous* chez lui. → Bernard **vous** invite chez lui.

18. 간접목적보어 대명사 *me, te, lui, lui...*

■ **EXERCICE 1:** 이탤릭체 부분을 알맞은 간·목 인칭대명사로 받아 문장을 완성하시오.

a) J'écris *au maire*. → Je **lui** écris.
b) J'envoie un courrier *à mes parents*. → Je **leur** envoie un courrier.
c) Il envoie un courrier *à ses parents*. → Il **leur** envoie un courrier.
d) Je donne mon livre *à Emma*. → Je **lui** donne mon livre.
직·목에서는 3인칭 단수 남성형과 여성형이 le(그를)과 la(그녀를)로 각기 다른 형태를 취하나 간·목에서는 3인칭 단수 남성형과 여성형이 동일함(lui = 그에게, 그녀에게)
e) Il vend des écharpes *aux touristes*. → Il **leur** vend des écharpes.

■ **EXERCICE 2:** 이탤릭체 부분을 알맞은 간·목 인칭대명사로 받아 문장을 완성하시오.

a) Il fait confiance *à Vincent et à moi*. → Il **nous** fait confiance.
b) Elle confie un secret *à son fiancé*. → Elle **lui** confie un secret.
c) Il offre une bague *à sa fiancée*. → Il **lui** offre une bague.
d) Il permet *à ses étudiants* de sortir. → Il **leur** permet de sortir.
e) Je téléphone *à Sophie, à Yves et à toi?* → Je **vous** téléphone ?

■ **EXERCICE 3:** 인칭대명사가 간·목인지 진·목인지 동사를 보고 판단하시오.

a) Jean **t'**inquiète ? **inquiéter qqn :** 직·목
b) Jean **te** raconte la même histoire ? **raconter à qqn :** 간·목
c) Jean **nous** appelle ce soir ? **appeler qqn :** 직·목
d) Jean **nous** téléphone ce soir ? **téléphoner à qqn** : 간·목
e) Jean **vous** paraît fatigué ? **paraître à qqn** : 간·목
me, m', te, t', nous, vous는 직·목과 간·목의 형태가 동일하므로 문장 내 동사의 성격을 살펴보아 직·목인지 간·목인지 알 수 있음.

■ **EXERCICE 4:** 알맞은 강세형 대명사로 문장을 완성하시오.

a) Tu me tapotes dans le dos ? → Tapote-**moi** dans le dos !
긍정명령문에서 직·목, 간·목, 중성 대명사는 동사 뒤에 써 주며 특히 직·목/간·목의 me, te는 강세형 moi, toi로 변함.
b) Tu m'attrapes ? → Attrape-**moi** !
c) Tu l'attrapes par le bras ? → Attrape-**le/la** par le bras !
d) Tu te regardes dans le miroir ? → Regarde-**toi** dans le miroir !
e) Tu les préviens ? → Préviens-**les** !

19. 강세형 대명사 *moi, toi, lui, elle...*

■ **EXERCICE 1:** 괄호 안에 제시된 강세형 대명사로 질문에 답하시오.

a) Qui est là ? - **Eux** ! (그들)

b) Qui a soif ? - **Moi** ! (나)
c) Qui a peur ? - **Toi** ! (너)
d) Qui va aux Etats-Unis ? - **Nous** ! (우리들)
e) Qui est content ? - **Lui** ! (그)

■ **EXERCICE 2: 이탤릭체 부분을 받는 알맞은 강세형 대명사를 채워 넣으시오.**

a) Charles pense à *sa femme*. → Charles pense à **elle**.
b) Charles pense à *ses filles*. → Charles pense à **elles**.
c) Charles pense à *son père*. → Charles pense à **lui**.
d) Charles pense à *ses collègues*. → Charles pense à **eux**.
e) Charles pense à *moi* et à *ma famille*. → Charles pense à **nous**.
나(moi, je, me)를 포함하는 집단은 nous로 받아 줌.

■ **EXERCICE 3: 이탤릭체 부분을 받는 알맞은 강세형 대명사로 문장을 완성하시오.**

a) François n'aime que *Catherine*. → François n'aime qu'**elle**.
b) C'est *Charles* qui vient. → C'est **lui** qui vient.
c) C'est *Paul et Charlotte* qui viennent. → C'est **eux** qui viennent.
d) Ils ne partent pas sans *leurs fils*. → Ils ne partent pas sans **eux**.
e) C'est *Marie* qu'il veut ! → C'est **elle** qu'il veut !

■ **EXERCICE 4: 주어, 직·목, 간·목, 강세형 대명사 중 알맞은 대명사로 문장을 완성하시오.**

a) Tu me parles, à **moi** ?
b) Tu **m'**aimes, moi ?
c) Moi, **je** parle quatre langues.
d) Nous, **nous** aimons la campagne, mais **vous**, vous préférez la ville.
e) Voici un couple de sportifs. **Lui**, il est joueur de tennis et **elle**, elle est nageuse.

20. 중성대명사 *y, en, le*

■ **EXERCICE 1: 이탤릭체 부분을 알맞은 중성대명사로 받아 문장을 완성하시오.**

a) On reste *à Nice* encore deux jours ? → On **y** reste encore deux jours ?
b) Tu parles souvent *de cette aventure* ? → Tu **en** parles souvent ?
c) On se retrouve *place de l'Opéra* à 13h ? → On s'**y** retrouve à 13h ?
place de l'Opéra 같은 표현은 전치사 à나 chez 등으로 유도되지 않아도 '~에서'라는 의미를 지닐 수 있으며 따라서 '그곳에서'를 나타내는 중성대명사 y로 받을 수 있음.
d) Vous déjeunez souvent *chez vous* ? → Vous **y** déjeunez souvent ?

e) Vous partez *de Monaco* à midi ? → Vous **en** partez à midi ?

■ **EXERCICE 2:** 이탤릭체 부분을 알맞은 중성대명사로 받아 문장을 완성하시오.

a) Il est content *de ce cadeau.* → Il **en** est content.

b) Elle est fière *de ses bonnes notes.* → Elle **en** est fière.

de 다음에 나오는 명사가 단수(ce cadeau)이든 복수(ses bonnes notes)이든 'de + 명사구'는 중성대명사 en으로 받았음.

c) Tu penses *à ta promesse* ? → Tu **y** penses ?

주의! 간·목이 '사람명사'일 경우에는 'à + 명사구'를 받는 중성대명사 y를 쓰지 못하고 'à + 강세형'을 써 줌(Tu penses à ton cousin ? → Tu penses **à lui** ?)

d) Elle peut faire *ce travail* ? → Elle peut **le** faire ?

e) J'ai besoin *de tes compliments.* → J'**en** ai besoin.

■ **EXERCICE 3: y, en, le** 중 알맞은 중성대명사를 채워 넣으시오.

a) Marie s'**en** moque.

숙어 se moquer de qqn, qqch

b) Paul m'**y** conduit tout de suite.

c) Il ne faut pas **y** faire allusion.

d) Elle **le** dit fièrement.

e) Nous **en** sommes surprises.

■ **EXERCICE 4: y, en, le** 중 알맞은 중성대명사를 채워 넣으시오.

a) Je m'**en** veux !

숙어 s'en vouloir à qqn

b) Fais cet exercice, si tu **le** peux !

c) Je m'**en** vais maintenant !

숙어 s'en aller

d) Je m'**en** réjouis.

숙어 se réjouir de~

e) Optimiste, je **le** suis !

중성대명사 le는 여기서 형용사(optimiste)를 받음.

21. 대명사의 상대적 위치

■ **EXERCICE 1:** 이탤릭체 부분을 알맞은 직·목이나 간·목 대명사로 받아 문장을 완성하시오.

a) Paul montre *les photos à ses parents.* → Paul **les leur** montre.

b) Paul raconte *une histoire à Elise.* → Paul **la lui** raconte.

c) Paul nous donne *l'adresse de Sylvie*. → Paul **nous la** donne.
d) Paul me montre *ses photos*. → Paul **me les** montre.
e) Paul vous transmet *ses amitiés*. → Paul **vous les** transmet.

■ **EXERCICE 2:** 이탤릭체 부분을 알맞은 직·목, 간·목, 중성 대명사로 받아 문장을 완성하시오.

a) Tu te souviens *de ta promesse* ? → Tu t'**en** souviens ?
b) Je souhaite vivement aller *en Italie*. → Je souhaite vivement **y** aller.
c) Je souhaite vivement *aller en Italie*. → Je **le** souhaite vivement.
d) Il faut raconter *cette histoire*. → Il faut **la** raconter.
e) Il faut *raconter cette histoire*. → Il **le** faut.

■ **EXERCICE 3:** 이탤릭체 부분을 알맞은 직·목, 간·목, 중성 대명사로 받아 문장을 완성하시오.

a) Tu te plais bien *dans ton nouveau logement* ? → Tu **t'y** plais bien ?
b) Vous vous intéressez *à l'écologie* ? → Vous vous **y** intéressez ?
c) On ne se promène pas *au parc* ? → On ne **s'y** promène pas ?
d) Tu ne veux pas me conduire *à la gare* ? → Tu ne veux pas **m'y** conduire ?
e) Tu ramènes *mes enfants à Londres* ? → Tu **les y** ramènes ?

■ **EXERCICE 4:** 이탤릭체 부분을 대명사로 바꾸고 문장을 부정문으로 만들어 다시 쓰시오.

a) Vous me donnez *ce livre*. → **Vous ne me le donnez pas.**
b) Il offre *les cadeaux aux invités*. → **Il ne les leur offre pas.**
c) Je me rends *à Londres*. → **Je ne m'y rends pas.**
d) J'envoie *le courrier à mes parents*. → **Je ne le leur envoie pas.**

22. 소유대명사 *le mien, la mienne...*

■ **EXERCICE 1: le mien, la mienne, les mien(ne)s** 중 문맥에 알맞은 형태로 문장을 완성하시오.

a) Montre-moi tes tableaux, s'il te plaît. Je te montrerai **les miens** aussi.
b) Passe-moi ton couteau, s'il te plaît. **Le mien** ne coupe pas très bien.
c) Passe-moi ta serviette, s'il te plaît. J'ai oublié **la mienne**.
d) Présente-moi tes filles, s'il te plaît. **Les miennes** veulent faire leur connaissance.
e) Présente-moi ta coiffeuse, s'il te plaît. **La mienne** a pris sa retraite.

■ **EXERCICE 2: le sien, la sienne, les sien(ne)s 중 문맥에 알맞은 형태로 문장을 완성하시오.**

a) Montre-lui tes tableaux, s'il te plaît. Il te montrera **les siens** aussi.
b) Passe-lui ton couteau, s'il te plaît. **Le sien** ne coupe pas très bien.
c) Passe-lui ta serviette, s'il te plaît. Il a oublié **la sienne**.
d) Présente-lui tes filles, s'il te plaît. **Les siennes** veulent faire leur connaissance.
e) Présente-lui ta coiffeuse, s'il te plaît. **La sienne** a pris sa retraite.

■ **EXERCICE 3: 이탤릭체 부분을 문맥에 맞는 소유대명사로 받아 대화문을 완성하시오.**

a) Ce sont *tes lunettes* ? – Non, **les miennes** sont dans ma chambre.
b) C'est *son parapluie* ? – Non, **le sien** est bleu foncé.
c) Ce sont *leurs chiens* ? – Non, **les leurs** sont dans le jardin.
d) C'est *votre bracelet* ? – Non, **le mien** reste introuvable.
e) Ce sont *ses parents* ? – Non, **les siens** ne sont pas là.

■ **EXERCICE 4: 이탤릭체 부분을 문맥에 맞는 소유대명사로 받아 대화문을 완성하시오.**

a) Ce sont *vos lunettes* ? – Non, **les miennes** sont dans ma chambre.
b) C'est *leur parapluie* ? – Non, **le leur** est bleu foncé.
c) Ce sont *vos chiens* ? – Non, **les miens/les nôtres** sont dans le jardin.
vos chiens이 '당신(단수)의 개들'을 의미할 때는 'les miens'으로 받으나 '당신들(복수)의 개들'을 의미할 때는 'les nôtres'로 받음.
d) C'est *son bracelet* ? – Non, **le sien** reste introuvable.
e) Ce sont *vos parents* ? – Non, **les miens/les nôtres** ne sont pas là.
vos parents이 '당신(단수)의 부모님'을 의미할 때는 'les miens'으로 받으나 '당신들(복수)의 부모님'을 의미할 때는 'les nôtres'로 받음.

23. 지시대명사 *ce, celui, celle, ceux...*

■ **EXERCICE 1: 앞선 명사구를 알맞은 지시대명사로 받아 문장을 완성하시오.**

a) Ces gens-là ne sont pas **ceux** que Paul souhaite rencontrer.
b) Cette étudiante n'est pas **celle** que Paul trouve fort intelligente.
c) Cette épicerie n'est pas **celle** dont Marie nous parle tout le temps.
d) Cet homme n'est pas **celui** qu'il te faut.
e) Ces fleurs ne sont pas **celles** que Jean veut offrir à Céline.

■ **EXERCICE 2:** 앞선 명사구를 알맞은 지시대명사로 받아 문장을 완성하시오.

a) Mes chiens sont aussi joyeux que **ceux** de mon voisin.
b) Mes enfants sont aussi sages que **ceux** de mon voisin.
c) Ma voiture est aussi belle que **celle** de mon voisin.
d) Mon salon est aussi lumineux que **celui** de mon voisin.
e) Ma femme est plus jolie que **celle** de mon voisin.

■ **EXERCICE 3:** 이탤릭체 부분을 알맞은 지시대명사 복합형으로 받아 문장을 완성하시오.

a) Tu peux essayer *ces bottes-ci.* → Tu peux essayer **celles-ci**.
b) Tu peux prendre *ce manteau-là.* → Tu peux prendre **celui-là**.
c) Tu peux dessiner *cette orange-ci.* → Tu peux dessiner **celle-ci**.
d) Tu peux aider *ce garçon-là.* → Tu peux aider **celui-là**.
e) Tu peux prendre *ce parapluie-ci.* → Tu peux prendre **celui-ci**.

■ **EXERCICE 4:** 앞 문장의 명사를 받으며 '가까운 것'과 '먼 것'을 표시하는 지시대명사 복합형으로 문장을 완성하시오.

a) Ce sont des lunettes de très bonne qualité. **Celles-ci** sont fabriquées en France et **celles- là** en Italie.
b) Ce sont des arbres que mon père et moi avons plantés. **Celui-ci** est le mien et **celui-là** le sien.
c) Je ne veux pas reprendre de sauce. **Celle-ci** est trop piquante, et **celle-là** beaucoup trop sucrée !

24. 의문대명사 *qui, qu'est-ce qui...*

■ **EXERCICE 1: qui**와 **qui est-ce qui** 중 알맞은 의문사로 문장을 완성하시오.

a) **Qui** es-tu ?
속사 기능은 qui만 가능함.
b) **Qui/Qui est-ce qui** est en vacances ?
주어 기능은 qui와 qui est-ce qui 둘 다 가능함.
c) C'était **qui** au téléphone ?
d) **Qui/Qui est-ce qui** vient avec moi ?
e) **Qui** sont tous ces gens ?

■ **EXERCICE 2: qui est-ce qui, qui est-ce que, qu'est-ce que** 중 알맞은 의문사로 문장을 완성하시오.

a) Qui aimez-vous ? → **Qui est-ce que** vous aimez ?
b) Que cherchez-vous ? → **Qu'est-ce que** vous cherchez ?
c) Qui interrogent-ils ? → **Qui est-ce qu'**ils interrogent ?
d) Qui vous aime ? → **Qui est-ce qui** vous aime ?
e) Que veux-tu ? → **Qu'est-ce que** tu veux ?

■ **EXERCICE 3: lequel, lesquel(le)s, auxquel(le)s 중 알맞은 의문대명사 복합형으로 문장을 완성하시오.**

a) Parmi tous ces acteurs, **lesquels** sont les plus charismatiques ?
b) **Lequel** de ses fils est le plus sportif ?
c) Parmi toutes ces propositions, **lesquelles** sont réalisables ?
d) Parmi ces films, **lequel** vous plaît le plus ?
e) Je pense à certaines de mes collègues. – Ah bon ? **Auxquelles** penses-tu ?
여성형 quleques-unes이 '여자 동료들 중 몇 명'의 의미를 나타내므로 여성복수형 lesquelles로 받았고 lesquelles이 전치사 à 뒤에 나와 축약이 이루어져 auxquelles의 형태로 됨(à + lesquelles → auxquelles).

■ **EXERCICE 4: combien, comment, où, pourquoi, quand 중 알맞은 의문부사로 문장을 완성하시오.**

a) **Pourquoi** sont-ils encore en colère ?
b) **Quand/Comment/Pourquoi** as-tu l'intention de réparer cette porte ?
c) **Comment/Quand/Où** tu as eu cette idée géniale ?
d) **Où** est-ce qu'ils habitent ?
e) **Combien** de sœurs Pierre a déjà ?

25. 관계대명사 *qui, que, où, dont...*

■ **EXERCICE 1: qui와 que 중 알맞은 관계대명사로 문장을 완성하시오.**

a) Alex est un enfant vif **qui** aime jouer et courir.
b) Paul a enfin terminé ses études, ce **qui** soulage beaucoup ses parents.
여기서 ce는 앞 문장 전체를 받음.
c) François est l'homme **qu'**elle attendait.
d) **Qui** ne risque rien n'a rien.
e) Les livres **que** nous avons lus dans notre enfance nous influencent toute notre vie.

■ **EXERCICE 2: où와 dont 중 알맞은 관계대명사로 문장을 완성하시오.**

a) C'est un fils **dont** toutes les mères seraient fières.
b) C'est le café **où** ils se sont rencontrés.

c) Elle accueille cet homme **dont** le père est une vieille connaissance.

d) Le jour **où** Julie a rencontré Louis, il a beaucoup neigé.

e) Ils possèdent trois établissements, **dont** cet hôtel de luxe à Cannes.

■ **EXERCICE 3: qui 와 quoi 중 알맞은 관계대명사로 문장을 완성하시오.**

a) Nous remercions Vincent sans **qui** nous ne serions jamais arrivés à temps.

b) Persévérez, sans **quoi** vous ne réussirez pas.
여기서 quoi의 선행사는 앞 문장 persévérez임.

c) Ils ont de **quoi** vous nourrir.

d) Paul aime Virginie, pour **qui** il semble prêt à tout.

e) Ce à **quoi** il tient tant, c'est de faire le tour du monde avec elle.

■ **EXERCICE 4: 알맞은 관계대명사 복합형을 채워 넣어 문장을 완성하시오.**

a) Ils visitent un immense parc au milieu **duquel** se trouve un lac.
duquel은 au milieu de + lequel에서 전치사와 관계대명사가 축약한 형태임. 여기서 lequel은 (l')immense parc를 받음.

b) Le fauteuil dans **lequel** je suis assis est confortable.
의미상 Le fauteuil est confortable과 Dans ce fauteuil je suis assis로 나눌 수 있는데 두 번째 문장의 ce fauteuil를 관계대명사 lequel로 받은 후 관계절을 앞의 문장에 삽입하였음

c) Les jeunes enfants posent parfois des questions **auxquelles** il est difficile de répondre.

d) C'est la raison pour **laquelle** ils veulent créer cette association.

e) C'est le garçon **auquel** j'ai pensé immédiatement.

26. 부정(indéfini)대명사

■ **EXERCICE 1: quelqu'un, quelque chose, personne, rien 중 알맞은 부정대명사로 문장을 완성하시오.**

a) Ils n'ont **rien** à déclarer.

b) Je pense que Paul, c'est **quelqu'un** de vraiment fiable.

c) Vous devez absolument en parler à **quelqu'un**.

d) Vous devez n'en parler à **personne**.

e) J'ai **quelque chose** d'important à vous révéler.

■ **EXERCICE 2: 이탤릭체 부분을 받는 알맞은 부정대명사로 문장을 완성하시오.**

a) *Tous les meubles* sont neufs. → **Tous** sont neufs.

b) *Quelques photos* sont très belles. → **Quelques-unes** sont très belles.

c) *Certaines demandes* restent sans réponse. → **Certaines** restent sans réponse.

d) *Toutes les filles* sont rayonnantes. → **Toutes** sont rayonnantes.

■ **EXERCICE 3:** 이탤릭체 부분을 **chacun**으로 알맞게 받아 문장을 완성하시오.

a) Il y a un carton d'invitation pour *chaque invité*. → Il y a un carton d'invitation pour **chacun**.

b) *Tous* ses enfants héritent un terrain. → **Chacun** de ses enfants hérite un terrain.

c) Il regarde *chaque photo* attentivement. → Il regarde **chacune** attentivement.

d) *Toutes* mes amies me félicitent. → **Chacune** de mes amies me félicite.

■ **EXERCICE 4: un(e) autre, d'autres, le/la même, les mêmes** 중 알맞은 부정대명사로 문장을 완성하시오.

a) Ta montre est **la même** que la mienne.

b) Mon pantalon est bien abîmé. Je dois en acheter **un autre**.

c) Ses chaussures sont **les mêmes** que les tiennes.

d) Il y a des écologistes, et **d'autres** qui ne le sont pas, mais tous sont réunis dans ce projet.

e) J'aime bien ce pantalon, le tissu, la coupe, mais la couleur ne me plaît pas. Vous n'auriez pas **le même** en marron ?

27. 1군 동사의 동사활용

■ **EXERCICE 1:** 괄호 안의 **1**군 동사를 직설법 현재로 활용하시오.

a) Vous **aimez** le jazz ? (aimer)

b) Tu **fumes** une cigarette ? (fumer)

c) Nous **portons** ce bagage ? (porter)

d) Elles **étudient** la littérature ? (étudier)

e) Il **promène** son chien ? (promener)
발음상 이유로 끝에서 두 번째 'e'에 accent grave를 붙여 promène가 됨.

■ **EXERCICE 2:** 괄호 안의 **1**군 동사를 직설법 현재로 활용하시오.

a) J'**habite** à Londres. (habiter)

b) Ils **appellent** régulièrement leurs parents. (appeler)

c) Nous **avançons** lentement, mais surement. (avancer)

d) Elle **jette** les journaux. (jeter)

e) J'**admire** ta franchise. (admirer)

■ **EXERCICE 3:** 괄호 안의 **1**군 동사를 직설법 현재로 활용하시오.

a) Vous **enlevez** la table ? (enlever)
b) Elle **enlève** son manteau. (enlever)
c) J'**enlève** la chaise ? (enlever)
d) Ils **déménagent** prochainement. (déménager)
e) Nous **déménageons** prochainement. (déménager)

■ **EXERCICE 4: 다음 문장을 nous를 주어로 하는 문장으로 다시 쓰시오.**

a) Je range nos livres. → Nous **rangeons nos livres**.
b) Je voyage en train. → Nous **voyageons en train**.
c) J'annonce une bonne nouvelle. → Nous **annonçons une bonne nouvelle**.
d) Je soulève la pierre. → Nous **soulevons la pierre**.
e) J'y amène les étudiants. → Nous **y amenons les étudiants**.

28. 2군 동사의 동사활용

■ **EXERCICE 1: bâtir 동사를 직설법 현재로 활용하시오.**

a) Je **bâtis** une maison.
b) Tu **bâtis** une maison.
c) Elle **bâtit** une maison.
d) Nous **bâtissons** une maison.
e) Ils **bâtissent** une maison.

■ **EXERCICE 2: rougir 동사를 직설법 현재로 활용하시오.**

a) Je **rougis** facilement.
b) Il **rougit** facilement.
c) Nous **rougissons** facilement.
d) Vous **rougissez** facilement.
e) Elles **rougissent** facilement.

■ **EXERCICE 3: 괄호 안의 2군 동사를 직설법 현재로 활용하시오.**

a) Tu **choisis** ta robe ? (choisir)
b) Vous **rajeunissez** de plus en plus ! (rajeunir)
c) Nous **vieillissons** tous. (vieillir)
d) Ils **blanchissent** l'argent de la drogue. (blanchir)
e) Elle mange beaucoup, mais elle ne **grossit** pas. (grossir)

■ **EXERCICE 4: 괄호 안의 2군 동사를 직설법 현재로 활용하시오.**

a) La colère **enlaidit** le visage. (enlaidir)
b) La fumée **noircit** le mur. (noircir)
c) Nous **enrichissons** notre vocabulaire. (enrichir)
d) Ils **élargissent** les routes. (élargir)
e) Vous **agrandissez** cette pièce ? (agrandir)

29. 3군 동사의 동사활용

■ **EXERCICE 1: être**와 **avoir** 동사를 직설법 현재로 활용하시오.

a) Je **suis** Coréen et j'**ai** vingt ans.
b) Tu **es** sérieux et tu **as** toujours de la chance.
c) Elle **est** mariée et elle **a** deux fils.
d) Nous **sommes** Coréens et nous **avons** vingt ans.
e) Ils **sont** passionnés mais ils n'**ont** aucune expérience.

■ **EXERCICE 2:** 괄호 안의 **3**군 동사를 직설법 현재로 활용하시오.

a) Je **dis** bonjour à mes voisins. (dire)
b) Elle ne **fait** rien. (faire)
c) Ils **vont** au cinéma une fois par semaine. (aller)
d) Elles **reçoivent** beaucoup de cadeaux. (recevoir)
e) Vous **prenez** cette chaise ? (prendre)

■ **EXERCICE 3:** 괄호 안의 **3**군 동사를 직설법 현재로 활용하시오.

a) Nous **savons** où il habite. (savoir)
b) Je **connais** son adresse. (connaître)
c) Tu me **promets** d'y réfléchir ? (promettre)
d) Elles **viennent** nous voir ce week-end. (venir)
e) Il **peut** faire cet exercice ? (pouvoir)

■ **EXERCICE 4:** 이탤릭체 **3**군 동사를 직설법 현재로 활용하여 대화문을 완성하시오.

a) Que *dites*-vous à vos parents ? – Nous leur **disons** que tout va bien.
b) Qu'*écrivez*-vous à votre famille ? – Nous leur **écrivons** que tout va bien.
c) Que *faites*-vous en ce moment ? – Nous ne **faisons** pas grand-chose.
d) Que *lisez*-vous en ce moment ? – Nous **lisons** un roman de Céline.
e) Qu'*apercevez*-vous ? – Nous **apercevons** un chat par la fenêtre.

30. 부정문(négative)

■ **EXERCICE 1: 긍정문을 부정문으로 만드시오.**

a) Quelqu'un t'a téléphoné. → **Personne ne t'a téléphoné.**

b) Tu veux parler à quelqu'un ? → **Tu ne veux parler à personne ?**

c) Sa tarte est à la fois trop salée et trop sucrée. → **Sa tarte n'est ni trop salée ni trop sucrée.**

'(à la fois) A et B' 구문이 부정문에서는 'ne~ ni A ni B'로 바뀜.

d) Elle a une profession et une adresse. → **Elle n'a ni profession ni adresse.**

e) Toi et moi, nous avons lu ce roman d'aventure. → **Ni toi ni moi n'avons lu ce roman d'aventure.**

■ **EXERCICE 2: 긍정문을 부정문으로 만드시오.**

a) A cette heure-ci, Sébastien travaille encore.

→ **A cette heure-ci, Sébastien ne travaille plus.**

긍정문의 encore는 부정문에서 ne ~ plus로 변함.

b) Emma veut un gâteau et un bonbon. → **Emma ne veut ni gâteau ni bonbon.**

c) Ils ont mangé quelque chose. → **Ils n'ont rien mangé.**

복합시제에서 rien은 항상 조동사와 p.p. 사이에 놓임.

d) Vous l'avez déjà rencontrée ! → **Vous ne l'avez jamais rencontrée !**

긍정문의 déjà는 부정문에서 ne~jamais로 변함.

e) Ils s'occupent bien de leurs parents. → **Ils ne s'occupent pas bien de leurs parents.**

■ **EXERCICE 3: 다음 문장에 대응하는 두 종류의 부정문을 만들고 각각의 의미를 적으시오.**

a) Je veux le faire. →

(a) Je ne veux pas le faire. 나는 그것을 하고 싶지 않다.

(b) Je veux ne pas le faire. 나는 그것을 하지 않고 싶다.

b) Vous pouvez entrer. →

(a) Vous ne pouvez pas entrer. 들어가실 수 없습니다.

(b) Vous pouvez ne pas entrer. 안 들어가셔도 됩니다.

c) Ils ont envie de se dépêcher. →

(a) Ils n'ont pas envie de se dépêcher. 그들은 서두르고 싶지 않다.

(b) Ils ont envie de ne pas se dépêcher. 그들은 안 서두르고 싶다.

d) Ils ont l'intention de terminer ce stage. →

(a) Ils n'ont pas l'intention de terminer ce stage. 그들은 그 연수를 마칠 생각이 없다.

(b) Ils ont l'intention de ne pas terminer ce stage. 그들은 그 연수를 마치지 않을

생각이다.

■ **EXERCICE 4:** 다음 문장을 **ne ~ que**를 포함하는 유사한 의미의 문장으로 다시 쓰시오.

a) Daniel dort sans cesse. → **Daniel ne fait que dormir.**

b) Marine veut rencontrer uniquement Pierre. → **Marine ne veut rencontrer que Pierre.**

c) Le bébé pleure tout le temps. → **Le bébé ne fait que pleurer.**

d) Serge pense seulement à lui-même. → **Serge ne pense qu'à lui-même.**

e) Vous ne cessez de critiquer. → **Vous ne faites que critiquer.**

31. 의문문

■ **EXERCICE 1:** 단순도치 의문문을 만드시오.

a) Est-ce que vous y allez ? → **Y allez-vous ?**

b) Est-ce qu'ils ont répondu ? → **Ont-ils répondu?**

c) Est-ce qu'elle aura le temps ? → **Aura-t-elle le temps ?**

모음으로 끝나는 동사와 대명사 주어(elle, il, on)를 도치시킬 때는 t를 삽입하고 tiret (-)로 연결함.

d) Est-ce que je peux partir ? → **Puis-je partir ?**

Je가 주어인 도치의문문에서는 peux대신 puis를 써 줌. (x) Peux-je partir ? 라고는 쓰지 않음.

e) Est-ce que nous sommes censés les attendre ? → **Sommes-nous censés les attendre ?**

■ **EXERCICE 2:** 단순도치 의문문을 만드시오.

a) Il aura envie d'aller au cinéma ? → **Aura-t-il envie d'aller au cinéma ?**

b) Elle aime la musique classique ? → **Aime-t-elle la musique classique ?**

c) Tu as fini le livre ? → **As-tu fini le livre ?**

도치된 동사와 주어 사이에 모음충돌이 일어나지 않으므로 '-t-'를 삽입하지 않음.

d) Il possède trois appartements ? → **Possède-t-il trois appartements ?**

e) On a trouvé son adresse ? → **A-t-on trouvé son adresse ?**

■ **EXERCICE 3:** 복합도치 의문문을 만드시오.

a) Vincent a envie d'aller au cinéma ?

→ **Vincent a-t-il envie d'aller au cinéma ?**

b) Marion aime la musique classique ?

→ **Marion aime-t-elle la musique classique ?**

c) M. et Mme Dupont possèdent trois appartements ?

→ **M. et Mme Dupont possèdent-ils trois appartements ?**

d) Julie et Sébastien ont trouvé mon adresse ?

→ **Julie et Sébastien ont-t-ils trouvé mon adresse ?**

e) Ton père va finir le livre ?

→ **Ton père va-t-il finir le livre ?**

■ **EXERCICE 4:** 직접의문문을 간접의문문으로 전환하여 문장을 완성하시오.

a) « Comment elle va ? » → Ils me demandent **comment elle va.**

b) « Qui est-ce qu'il a rencontré ? » → Elle me demande **qui il a rencontré.**

c) « Est-ce réalisable ? » → Ils me demandent **si c'est réalisable.**

d) « Qui est-ce qui est venu ? » → Elle me demande **qui est venu.**

e) « Qu'est-ce que c'est ? » → Elle me demande **ce que c'est.**

32. 감탄문

■ **EXERCICE 1:** 괄호 안에 주어진 표현을 사용하여 감탄문을 만드시오.

a) Cette femme est élégante. → **Que cette femme est élégante !** (que)

b) Ce fauteuil est confortable. → **Que ce fauteuil est confortable !** (que)

c) Jacques révise sérieusement. → **Comme Jacques révise sérieusement !** (comme)

d) Ta voiture me plaît. → **Que ta voiture me plaît !** (que)

e) Ta robe est belle. → **Comme ta robe est belle!** (comme)

■ **EXERCICE 2:** 괄호 안에 주어진 표현을 사용하여 감탄문을 만드시오.

a) Tu es bronzé. → **Ce que tu es bronzé !** (Ce que)

b) On a rigolé hier soir. → **Qu'est-ce qu'on a rigolé hier soir !** (Qu'est-ce que)

c) J'aimerais prendre des vacances. → **Comme j'aimerais prendre des vacances !** (Comme)

d) Tu es pâle. → **Qu'est-ce que tu es pâle !** (Qu'est-ce que)

e) C'est compliqué. → **Comme c'est compliqué !** (Comme)

■ **EXERCICE 3: Quel(le)(s), Que, Combien** 중 알맞은 표현으로 감탄문을 완성하시오.

a) **Combien** de fois je le lui ai répété !

b) **Que** c'est beau !

c) **Quel** talent !

d) **Quel** était mon soulagement !

e) **Combien** il était reconnaissant !/**Qu**'il était reconnaissant !

■ **EXERCICE 4: Quel(le)(s), Comme, Pourvu que, Si seulement** 중 알맞은 표현으로 감탄문을 완성하시오.

a) **Pourvu qu'**elle soit compréhensive !
b) **Quelle** gentillesse !
c) **Comme** elle est gentille !
d) **Si seulement** il s'arrêtait de pleuvoir !
e) **Pourvu que** Paul réussisse !

33. 명령문

■ **EXERCICE 1:** 괄호 안에 제시된 인칭을 의미상 주어로 하는 명령문을 만드시오.

a) avoir confiance (너) → **Aie confiance !**
b) se réveiller (너희들) → **Réveillez-vous !**
c) être sage (너) → **Sois sage !**
d) ne pas bouger (당신) → **Ne bougez pas !**
e) s'en aller (당신들) → **Allez-vous-en !**

■ **EXERCICE 2:** 괄호 안에 제시된 인칭을 의미상 주어로 하는 명령문을 만드시오.

a) se taire (당신들) → **Taisez-vous !**
b) le faire vite (너희들) → **Faites-le vite !**
c) le savoir (당신) → **Sachez-le !**
d) se dépêcher (너) → **Dépêche-toi !**
e) être amis (우리) → **Soyons amis !**

■ **EXERCICE 3:** 긍정명령문으로부터 부정명령문을 만드시오.

a) Regarde-les ! → **Ne les regarde pas !**
b) Chante ! → **Ne chante pas !**
c) Offre-le ! → **Ne l'offre pas !**
d) Attrapez-les ! → **Ne les attrapez pas !**
e) Appelons-la ! → **Ne l'appelons pas !**

■ **EXERCICE 4:** 부정명령문으로부터 긍정명령문을 만드시오.

a) N'en mange pas ! → **Manges-en !**
주의! 중성대명사 en과의 모음충돌을 피하기 위하여 명령형 mange에서 's'가 되살아났음.
b) N'en donnons pas ! → **Donnons-en !**
c) N'en distribuez pas ! → **Distribuez-en !**
d) N'en ajoute pas ! → **Ajoutes-en !**

e) Ne t'en va pas ! → **Va-t'en !**

34. 자동사와 타동사

■ **EXERCICE 1:** 이탤릭체 동사가 자동사로 쓰였는지 타동사로 쓰였는지 적으시오.

a) Julie *monte* au 3e étage. **자동사**
b) Julie, *monte*-lui son dîner ! **타동사**
c) Jean *rentre* son vélo dans l'appartement. **타동사**
d) Jean *rentre* chez lui. **자동사**
e) Il manque une chaise. *Descends* une chaise ! **타동사**

■ **EXERCICE 2:** 괄호 안의 동사 중 알맞은 동사를 골라 직설법 현재로 활용해 넣으시오.

a) Robert **téléphone** à Isabelle. (appeler/téléphoner)
b) Robert **appelle** Isabelle. (appeler/téléphoner)
c) Sophie **remercie** son avocat. (remercier/dire merci)
d) Sophie **dit merci** à son avocat. (remercier/dire merci)
e) Madame Dumont **pose** la question aux étudiants. (interroger/poser)
동사 구조에 대해 아는 것이 중요.

■ **EXERCICE 3:** 괄호 안의 동사 중 알맞은 동사를 골라 직설법 현재로 활용해 넣으시오.

a) N'en **doutez** pas, je vous prie. (croire/douter)
b) N'y **touchez** pas, s'il vous plaît ! (toucher/parler)
c) Que fais-tu ? **Salue**-le ! (dire bonjour/saluer)
d) Nous allons les **prévenir** tout de suite. (dire un mot/prévenir)
e) Ne le **consulte** pas, s'il te plaît ! (consulter/méfier)
동사 구조에 대해 아는 것이 중요.

■ **EXERCICE 4:** 괄호 안에 주어진 표현을 사용하여 문장을 만드시오.

a) 그에게 질문해라(interroger).
→ **Interroge-le !**
b) 그의 아들은 뽈을 매우 많이(énormément) 닮았다(ressembler à).
→ **Son fils ressemble énormément à Paul.**
c) 나는 내 동료들(collègues)에게 감사의 마음을 전한다(remercier).
→ **Je remercie mes collègues.**
remercier는 우리말로는 '-에게 감사하다'/인사하다' 로 번역되나 프랑스어에서는 직접타동사임.

d) 그의 말을(sa parole) 의심하지(se douter de) 맙시다.

→ **Ne doutons pas de sa parole !**

douter de~는 우리말로는 '-을/를 의심하다'로 번역되나 프랑스어에서는 간접타동사임.

35. 조동사와 양태조동사(auxiliaires modaux)

■ **EXERCICE 1: être**와 **avoir** 중 알맞은 조동사를 직설법 현재로 활용해 넣으시오.

a) Les gendarmes **ont** frappé le voleur.

조동사의 현재형과 p.p.가 결합하여 복합과거 시제를 형성함.

b) Sébastien **a** oublié ce rendez-vous.

c) Alain et Gilles se **sont** perdus dans la forêt.

d) Alain **a** perdu sa nouvelle montre.

e) Jeanne et moi, nous ne **sommes** pas restés longtemps.

■ **EXERCICE 2: être**와 **avoir** 중 알맞은 조동사를 직설법 현재로 활용해 넣으시오.

a) Paul **est** enfin devenu quelqu'un de célèbre.

b) Fabienne n'**a** pas assisté à la cérémonie.

c) Les habitants **ont** toujours voulu avoir un stade.

d) Je ne me **suis** jamais posé la question.

e) Vous **avez** toujours été aimables avec nous.

■ **EXERCICE 3:** 이탤릭체 동사가 본동사로 쓰였는지 양태조동사로 쓰였는지 적으시오.

a) Marion *veut* commander un café. **양태조동사**

b) Marion *veut* un café. **본동사**

c) Tu *peux* les convaincre. **양태조동사**

d) Tu me *dois* 100 euros. **본동사**

e) Tu *dois* préparer ton entretien. **양태조동사**

■ **EXERCICE 4:** 괄호 안에 주어진 양태조동사를 직설법 현재로 활용해 넣으시오.

a) Ici, chacun est libre de défendre ce qu'il **veut** vraiment défendre. (vouloir)

b) Le recruteur semble très satisfait. Mon profil **doit** lui convenir ! (devoir)

c) Nul ne **doit** ignorer la loi. (devoir)

d) Je vais te prouver que je **peux** faire cet exercice sans difficulté. (pouvoir)

e) Cette porte ne **veut** pas s'ouvrir. (vouloir)

36. 대명동사

■ **EXERCICE 1:** 이탤릭체 동사가 대명동사로 쓰였는지 타동사로 쓰였는지 적으시오.

a) Juliette *promène* son chien chaque matin. **타동사**

b) Juliette aime bien se *promener*. **대명동사**

c) Julien *lave* la vaisselle. **타동사**

d) Nous *embrassons* les filles sur les joues. **타동사**

e) Nous nous *embrassons* avec joie. **대명동사**

■ **EXERCICE 2:** 이탤릭체 대명동사가 재귀적, 상호적, 수동적, 본질적 용법 중 무슨 용법으로 쓰였는지 적으시오.

a) Le voleur *s'enfuit* par la fenêtre. **본질적**

b) C'est la fête ! Les verres *se vident et se remplissent*. **수동적**

c) Les garçons *se battent* violemment. **상호적**

d) L'actrice *se démaquille* après le spectacle. **재귀적**

e) Ils *s'embrassent* les uns les autres. **상호적**

■ **EXERCICE 3:** 대명동사와 함께 쓰인 보어인칭대명사 **se**가 직접목적보어인지 간접목적보어인지 적으시오.

a) Juliette *se* fume une cigarette. **간접목적보어**

b) Emma *se* souvient de cette affaire. **직접목적보어**
만일 이 문장을 복합과거로 쓴다면 p.p.를 직·목 se와 일치하여 'Emma s'est souvenue de cette affaire'가 됨.

c) Julien *se* lave les pieds. **간접목적보어**

d) Les billets *s'*arrachent pour ce concert. **직접목적보어**
만일 이 문장을 복합과거로 쓴다면 p.p.를 직·목 se와 일치하여 'Les billets se sont arrachés pour ce concert'가 됨.

e) Elle *se* demande quand ils reviendront. **직접목적보어**
만일 이 문장을 복합과거로 쓴다면 p.p.를 직·목se와 일치하여 'Elle s'est demandée quand ils reviendraient가 됨.

■ **EXERCICE 4:** 괄호 안에 주어진 표현을 사용하여 문장을 만드시오.

a) 장(Jean)은 팔짱(bras)을 낀다(croiser). → **Jean se croise les bras.**

b) 장(Jean)은 머리(tête)를 긁적였다(gratter). → **Jean s'est gratté la tête.**

37. 비인칭 동사

■ **EXERCICE 1:** 다음 문장이 인칭 구문인지 비인칭 구문인지 적으시오.

a) Il m'arrive de prendre du thé. **비인칭 구문**
동사 arriver가 비인칭 구문에 사용됨. 여기서 de prendre du thé 가 진주어, Il은 가주어.

b) Il se passe des choses louches. **비인칭 구문**
동사 se passer가 비인칭 구문에 사용됨. 여기서 des choses louches가 진주어, Il은 가주어.

c) Il se passe de mon aide. **인칭 구문**
동사 se passer가 인칭구문에 사용됨. 여기서 se passer de~는 '~ 없이 지내다'는 의미이며 문장 주어 Il은 'Paul', 'mon père', 'mon fils' 등 사람(남성)을 받는 인칭대명사.

d) Une réforme est inévitable. **인칭 구문**
être inévitable이 인칭주어(une réforme)와 사용된 인칭구문.

e) Il est inévitable de faire une réforme. **비인칭 구문**
être inévitable이 비인칭주어 il과 가주어(de faire une réforme)와 사용된 비인칭 구문.

■ **EXERCICE 2:** 주어진 문장을 유사한 의미의 비인칭 수동태 구문으로 만드시오.

a) On interdit de fumer dans cette salle.
→ **Il est interdit** de fumer dans cette salle.

b) On nous recommande de partir suffisamment tôt.
→ **Il nous est recommandé** de partir suffisamment tôt.

c) On permet d'avoir une tenue décontractée.
→ **Il est permis** d'avoir une tenue décontractée.

■ **EXERCICE 3:** 다음 중 알맞은 비인칭 구문으로 문장을 완성하시오.

Il s'agit de~, Il reste~, Il manque~, Il semble~, Il faut~, Il est temps de~

a) Il est presque minuit. **Il est temps de/Il faut** partir.

b) Je vous assure que c'est faux. **Il s'agit d'**une rumeur.

c) **Il semble** évident qu'elle sera élue présidente.

d) Cet endroit fait peur. **Il faut** beaucoup de courage pour y aller.

e) Ils ont très faim, mais **il** ne **reste** qu'une petite miette.

■ **EXERCICE 4:** **Il**과 **Ça** 중 알맞은 주어로 문장을 완성하시오.

a) **Il** est vrai que Paul mérite ce succès.

b) Que Paul mérite ce succès, **ça** c'est vrai.

c) **Il** fait moins 20 degrés.

d) **Ça** s'est bien refroidi !
se rafraichir, se refroidir와 같은 동사는 Ça와 함께 쓰임(Ça s'est rafraichi).

e) Se tromper, **ça** arrive à tout le monde.

문장 앞으로 나간 de 부정법절 혹은 que 절을 받는 대명사로는 ça만 쓸 수 있음.

38. 사역동사

■ **EXERCICE 1: faire(~하게 만들다)와 rendre(~하게 만들다) 중 알맞은 동사를 골라 직설법 현재로 채워 넣으시오.**

a) L'alcool la **fait** rire.

b) L'alcool la **rend** gaie.

사역동사로 쓰인 faire동사 다음에는 항상 부정법절이 나오며, rendre 동사 다음에는 '형용사(구)', 혹은 '명사구 + 형용사(구)'가 나옴.

c) Cette nouvelle nous **rend** tout heureux.

d) Les somnifères **font** dormir.

e) L'électricité **rend** la vie plus facile.

■ **EXERCICE 2:** 앞의 문장을 뒤 문장에 적절히 삽입하시오.

a) L'oiseau s'envole. → Mathieu laisse **l'oiseau s'envoler.**

b) Les étudiants travaillent en tandem. → Le professeur laisse **les étudiants travailler en tandem.**

c) Les filles jouent dans la cour. → Je laisse **les filles jouer dans la cour.**

d) Le vin fermente à la cave. → Ils laissent **le vin fermenter à la cave.**

e) Le vendeur s'en va. → Le patron laisse **le vendeur s'en aller.**

■ **EXERCICE 3:** 앞의 문장을 뒤 문장에 적절히 삽입하시오.

a) Le curé vient. → Les mariés font **venir le curé.**

주의! 긍정명령문을 제외하면 faire와 부정법 동사 사이에는 아무 요소도 끼어들 수 없음. 따라서 venir와 le curé를 도치시켜 faire와 venir가 연속적으로 이어 나오게 하였음. 반면 laisser와 부정법 동사 사이에는 부정법 동사의 명사구 주어가 끼어들 수 있음(Les mariés laissent **le curé** venir.

b) Les cheveux poussent. → Cette crème fait **pousser les cheveux.**

c) L'enfant mange sa soupe. → Je fais **manger sa soupe à l'enfant.**

d) Jean apprend la leçon. → Le professeur fait **apprendre la leçon à Jean.**

e) Claire fait les courses. → Sa mère **fait faire les courses à Claire.**

■ **EXERCICE 4:** 괄호 안의 동사를 직설법 현재로 활용하고 이탤릭체 부분을 부정법절의 대명사 주어로 만들어 앞 문장을 뒤 문장에 적절히 삽입하시오.

a) *Le curé* vient. → Les mariés **le font venir**. (faire)

b) *Les cheveux* poussent. → Cette crème **les fait pousser.** (faire)

c) Jean apprend *la leçon*. → Le professeur **la fait apprendre à Jean.** (faire)

d) *Les enfants* regardent la télévision. → Je **les laisse regarder la télévision**. (laisser)

e) *Claire* fait les courses. → Sa mère **la laisse faire les courses.** (laisser)

39. 능동태와 수동태 *être + p.p.*

■ EXERCICE 1: 능동문으로부터 수동문을 만드시오.

a) Le serveur lui proposera un autre menu.
→ **Un autre menu lui sera proposé par le serveur.**

b) La directrice réunit souvent les employés.
→ **Les employés sont souvent réunis par la directrice.**
빈도부사(souvent, rarement, toujours...)는 조동사와 p.p. 사이에 써 줌.

c) On fermera les magasins ce mercredi.
→ **Les magasins seront fermés ce mercredi.**

■ EXERCICE 2: 수동문으로부터 능동문을 만드시오.

a) Beaucoup de jeunes talents ont été découverts par cette émission.
→ **Cette émission a découvert beaucoup de jeunes talents.**

b) Le nouveau bâtiment sera construit par cette société française.
→ **Cette société française construira le nouveau bâtiment.**

c) Ces événements culturels sont organisés par l'Ambassade de France.
→ **L'Ambassade de France organise ces événements culturels.**

■ EXERCICE 3: **de**와 **par** 중 알맞은 전치사를 동작주보어 앞에 넣으시오.

a) Cet homme est connu **de** tous.
b) La ville a été détruite **par** les bombardements.
c) Le président est apprécié **de** tout le monde.
d) Ce débat national a été déclenché **par** cet homme.
e) La chambre est joliment décorée **de** fleurs.

■ EXERCICE 4: 이탤릭체 부분을 수동태로 전환하여 문장을 완성하시오.

a) C'est vous qui *dirigez ce travail* ? → Non, il **est dirigé** par un de mes collaborateurs.
b) C'est vous qui *avez posté ces lettres* ? → Non, elles **ont été postées** par ma secrétaire.
c) C'est lui qui *nous recevra* ? → Non, nous **serons reçu(e)s** par le directeur.
1, 2인칭 복수 대명사 nous/vous는 실제 발화상황에 따라서 '남성복수(가령 Paul과 Pierre)', '남녀복수(가령 Paul과 Marie)', '여성복수(가령 Marie와 Claire)' 등의 여러 가능성이 있는데, 세 번째 '여성복수'의 경우 과거분사 reçu는 '여성복수로서의 nous'와 성·수일치하여 'reçues'가 되므로 과거분사형태를 reçu(e)s로 제시하였음.

40. 복합과거

■ **EXERCICE 1:** 괄호 안의 동사를 복합과거로 채워 넣으시오.

a) Nous **avons mangé** une pizza. (manger)
b) Il **a promené** son chien. (promener)
c) Elles **sont montées** au 3e étage. (monter)
d) Sa mère lui **a monté** le dîner dans sa chambre. (monter)
e) Nous **nous sommes rendu(e)s** aux Champs-Elysées. (se rendre)

■ **EXERCICE 2:** 이탤릭체 동사를 복합과거로 채워 넣으시오. .

a) Elle *s'oppose* à cette proposition. → Elle **s'est opposée** à cette proposition.
b) Nous *nous habituons* au quartier. → Nous **nous sommes habitué(e)s** au quartier.
c) Ma cousine *se perd* dans la forêt. → Ma cousine **s'est perdue** dans la forêt.
d) Paul et Claire *s'aiment* à la folie. → Paul et Claire **se sont aimés** à la folie.
e) La conférence *se tient* dans cette salle. → La conférence **s'est tenue** dans cette salle.

■ **EXERCICE 3:** 이탤릭체 동사를 복합과거로 바꾸어 문장을 다시 쓰시오.

a) Tu *t'endors*. → **Tu t'es endormi(e).**
2인칭 단수 대명사 tu는 발화상황에 따라 남성일 수도 있고 여성일 수도 있으므로 p.p.를 endormi(e)로 제시함.
b) *Habites*-tu en Belgique ? → **As-tu habité en Belgique ?**
c) Je *m'aperçois* de mon erreur. → **Je me suis aperçu(e) de mon erreur.**
d) Marie et Claire *les regardent*. → **Marie et Claire les ont regardé(e)s.**
e) Ses livres *se vendent* bien. → **Ses livres se sont bien vendus.**
복합시제에서 부사 bien은 조동사와 p.p. 사이에 써 줌. 그 외에도 mal, beaucoup, déjà, toujours, sans doute등과 같은 표현 역시 조동사와 p.p. 사이에 놓임.

■ **EXERCICE 4:** 괄호 안의 동사를 복합과거로 채워 넣으시오.

a) Elle ne va pas à la piscine aujourd'hui ? – Non, elle y **est** déjà **allée** hier. (aller)
b) Vous jouez au tennis aujourd'hui ? – Non, nous y **avons** déjà **joué** hier. (jouer)
c) Tu fais les soldes aujourd'hui ? – Non, je les **ai** déjà **faites** hier. (faire)
soldes가 여성복수이므로 대명사 les역시 여성복수. 따라서 p.p.도 여성복수로 성·수일치 해 줌(faites).
d) Ils en parlent aujourd'hui ? – Non, ils en **ont** déjà **parlé** hier. (parler)
e) On se voit aujourd'hui ? – Non, on **s'est** déjà **vu(e)s** hier. (voir)

41. 반과거

■ **EXERCICE 1:** 괄호 안의 동사를 반과거로 채워 넣으시오.

a) Nous **regardions** un film tous les week-ends. (regarder)
b) Il **recommençait** chaque fois. (recommencer)
c) Anne **se levait** de bonne heure tous les matins. (se lever)
d) A l'époque, les gens **marchaient** beaucoup plus. (marcher)

■ **EXERCICE 2:** 괄호 안의 동사를 주어진 순서대로 복합과거나 반과거 중 알맞은 시제로 채워 넣으시오.

a) Ce matin, il **faisait** beau, mais le temps **a changé** tout à coup. (faire-changer)
b) Il **est venu** vers minuit. Il **était** très fatigué. (venir-être)
c) Je **me reposais** dans le salon. Soudain, j'**ai entendu** un grand bruit. (se reposer-entendre)
d) Ils **étaient** dans le train. Tout à coup, le train **s'est arrêté**. (être-s'arrêter)

■ **EXERCICE 3:** 괄호 안의 동사를 주어진 순서대로 복합과거나 반과거 중 알맞은 시제로 채워 넣으시오.

a) D'habitude, elle y **allait** en voiture, mais hier, elle y **est allée** en métro. (aller-aller)
b) Il **pleuvait** beaucoup lorsqu'il nous **a téléphoné**. (pleuvoir-téléphoner)
c) Ce jour-là, nous nous **sommes rencontré(e)s** à 13h et nous **avons discuté** pendant 3 heures. (se rencontrer-discuter)
d) Quand je **me suis réveillé(e)** ce matin, il **faisait** froid. (se réveiller-faire)

■ **EXERCICE 4:** '**Si...**+반과거' 형태로 제안문을 만드시오.

a) Parler de soi maintenant → Si tu **parlais de toi maintenant** ?
b) Finir ses devoirs d'abord → Si vous **finissiez vos devoirs d'abord** ?
c) Passer la journée à se reposer → Si nous **passions la journée à nous reposer** ?
d) Acheter une voiture électrique → Si on **achetait une voiture électrique** ?

42. 단순미래와 근접미래

■ **EXERCICE 1:** 괄호 안의 동사를 단순미래로 채워 넣으시오.

a) Je suis assez prise aujourd'hui, mais demain, je **serai** libre. (être)
b) Quand tu seras riche, tu **auras** la possibilité de voyager. (avoir)
c) Nous viendrons vous voir dès que nous **pourrons.** (pouvoir)

d) Il est encore inconnu, mais demain, il **sera** célèbre. (être)

e) Ils **achèteront** une nouvelle voiture dès qu'ils l'auront décidé. (acheter)

■ **EXERCICE 2:** 괄호 안의 동사를 단순미래로 채워 넣으시오.

a) S'ils sont en retard, nous **devrons** prendre le taxi. (devoir)

b) Vous le **verrez** certainement ce soir. (voir)

c) Si vous l'écoutez bien, vous **saurez** la vérité. (savoir)

d) Pour commencer mon voyage, j'**irai** d'abord en France. (aller)

e) Si j'ai oublié quelque chose, il me l'**enverra** par la poste. (envoyer)

■ **EXERCICE 3:** 단순미래 시제로 문장을 다시 쓰시오.

a) Il faut rester optimiste. → **Il faudra rester optimiste.**

b) Les garçons courent très vite. → **Les garçons courront très vite.**

c) Les habitants meurent de faim. → **Les habitants mourront de faim.**

d) Ils construisent un nouveau barrage. → **Ils construiront un nouveau barrage.**

e) Cette machine permet de gagner du temps. → **Cette machine permettra de gagner du temps.**

■ **EXERCICE 4:** 아래와 같은 상황에서 **(i)**문장과 **(ii)**문장 중 어느 문장이 자연스러운지 고르시오.

a) A가 집에 놀러 온 B에게 앉으라고 권하며 커피를 끓이러 가면서 : → **(i) 문장**

i) Assieds-toi, je vais préparer le café. / ii) Assieds-toi, je préparerai le café.

b) A와 B는 밤늦게 끝나는 콘서트를 보았다. 지하철이 끊기기 전에 서둘러 가야 한다며 저녁 식사는 같이 못 할 것 같다는 B에게 A가 식사 후 집까지 차로 태워주겠다고 말한다 : → **(ii) 문장**

i) Je vais te déposer chez toi. / ii) Je te déposerai chez toi.

43. 전미래와 대과거

■ **EXERCICE 1:** 괄호 안의 동사를 전미래로 채워 넣으시오.

a) Jeanne rentrera en taxi lorsqu'elle **aura terminé** ses achats. (terminer)

b) Il **sera parti** dans un mois. (partir)

c) Vous **aurez pris** vos nouvelles fonctions lundi matin. (prendre)

d) On mangera la soupe que j'**aurai réchauffée**. (réchauffer)

e) Avant sa publication, elles **auront lu** ce manuscrit trois fois. (lire)

■ **EXERCICE 2:** 괄호 안의 동사를 전미래로 채워 넣으시오.

a) Il nous apprendra ce qu'il **aura découvert**. (découvrir)
b) Je mangerai un morceau de gâteau qu'elle nous **aura servi**. (servir)
c) Lorsqu'elle **aura achevé** son livre, elle se mettra aussitôt à en écrire un autre. (achever)
d) Après que Jean nous **aura salué(e)s,** ses amis viendront nous dire bonjour. (saluer)
e) Il dira que ses pommes **auront été récoltées**. (être récolté)

■ **EXERCICE 3:** 괄호 안의 동사를 대과거로 채워 넣으시오.

a) Il nous a transmis les informations qu'il **avait obtenues**. (obtenir)
b) J'ai mangé un morceau de gâteau qu'elle nous **avait offert**. (offrir)
c) Marion a retrouvé son chat qui **s'était perdu**. (se perdre)
d) Jean a cru que Pierre **était allé** voir Marie. (aller)
e) Après qu'elle **avait achevé** son livre, elle s'était aussitôt mise à en écrire un autre. (achever)

■ **EXERCICE 4:** 괄호 안의 동사를 대과거로 채워 넣으시오.

a) J'ai perdu mes lunettes. Et si je les **avais laissées** au bureau ? (laisser)
b) Marion était en retard. Et si elle **avait manqué** le train ? (manquer)
c) Leur téléphone ne répondait pas. Et s'ils **étaient partis** en vacances ? (partir)
d) J'ai prononcé mon discours que j'**avais préparé** la veille. (préparer)
e) J'ai reçu l'étudiante qui m'**avait été recommandée**. (être recommandé)

44. 현재분사와 제롱디프(gérondif)

■ **EXERCICE 1:** 이탤릭체 표현이 현재분사인지 형용사인지 적으시오.

a) Une maman *aimant* ses enfants sait ce qu'il leur faut. → **현재분사**
직접목적보어(여기서는 ses enfants)를 취한다는 동사의 속성을 aimer가 그대로 유지했으므로 현재분사.
b) Regarde cet enfant *obéissant* à son père. → **현재분사**
간접목적보어(여기서는 à son père)를 취한다는 동사의 속성을obéir가 그대로 유지했으므로 현재분사.
c) C'est un argument *déterminant* pour les convaincre. → **형용사**
d) Vincent ne *se montrant* toujours pas, nous avons commencé sans lui. → **현재분사**
동사에 붙는 ne.. .. pas 가 그대로 사용되어 se montrer가 동사적 속성을 그대로 유지했으므로 현재분사.
e) Carole semble bien *obéissante*. → **형용사**

■ **EXERCICE 2:** 이탤릭체 부분을 유사한 의미의 현재분사 구문으로 바꾸어 쓰시오.

a) *Cette fille en train de monter dans la voiture* est ma fiancée.
→ **Cette fille montant dans la voiture** est ma fiancée.

b) *Cet homme en train de fumer une cigarette* est mon voisin.

→ **Cet homme fumant une cigarette** est mon voisin.

c) *Ce chien qui court après le ballon* est le mien.

→ **Ce chien courant après le ballon** est le mien.

d) Le TGV est *un train qui peut dépasser 320 km/h.*

→ Le TGV est **un train pouvant dépasser 320 km/h**.

■ **EXERCICE 3:** 이탤릭체 부분을 유사한 의미의 현재분사 구문으로 바꾸어 쓰시오.

a) Le concert est annulé *car le musicien s'est blessé*

→ **Le musicien s'étant blessé**, le concert est annulé.

b) *Comme la nuit tombait,* nous avons décidé de rentrer.

→ **La nuit tombant**, nous avons décidé de rentrer.

c) Ils se connaissaient très bien *car ils avaient souvent travaillé ensemble.*

→ Ils se connaissaient très bien, **ayant souvent travaillé ensemble**.

■ **EXERCICE 4:** 이탤릭체 부분을 유사한 의미의 제롱디프 구문으로 바꾸어 문장을 다시 쓰시오.

a) *Nous nous promenons et* nous bavardons. → Nous bavardons **en nous promenant**.

b) Il regarde le film *et il mange une pizza*. → Il regarde le film **en mangeant une pizza**.

c) *Si on monte là-haut*, on peut apercevoir l'église. → **En montant là-haut**, on peut apercevoir l'église.

45. 과거분사(p.p.)

■ **EXERCICE 1:** 괄호 안 동사를 알맞은 과거분사형으로 채워 넣으시오.

a) Ils ont **livré** la marchandise à temps. (livrer)

b) Ils ont **démoli** le bâtiment. (démolir)

c) Cette nuit, ils ont **eu** très chaud. (avoir)

d) Ils sont **rentrés** tout de suite. (rentrer)

e) Elle s'est **rendue** compte de son erreur. (rendre)

EXERCICE 2: 괄호 안 동사를 알맞은 과거분사형으로 채워 넣으시오.

a) Ses parents sont **nés** à Paris. (naître)

b) Elles ont **vécu** à Londres pendant 2 ans. (vivre)

c) Ils se sont **connus** pendant leurs études. (connaître)

d) Hier, toutes les places ont **été vendues** en moins d'une heure. (être vendu)

e) Une fois **arrivée** à sa destination, elle est aussitôt repartie. (arriver)

EXERCICE 3: 괄호 안 동사를 알맞은 과거분사형으로 채워 넣으시오.

a) La robe que tu m'as **offerte** me plaît vraiment beaucoup. (offrir)
b) Les livres que j'ai **lus** le mois dernier sont tous très intéressants. (lire)
c) La fille qui m'a été **présentée** a l'air consciencieuse. (présenter)
d) Les plus beaux pays d'Europe, elle les a déjà tous **parcourus**. (parcourir)
e) Claire et Marie, je ne les ai pas **vues** depuis longtemps ! (voir)

■ **EXERCICE 4:** 괄호 안 동사를 알맞은 과거분사형으로 채워 넣으시오.

a) **Invités** par les organisateurs, ils ont pu participer à la cérémonie. (inviter)
b) **Gênés** par les moustiques, ils ont fini par dîner à l'intérieur. (gêner)
c) **Encouragée** par sa famille, elle a fait ses études à Londres. (encourager)
d) **Trahi** par ses fils, le roi a perdu son royaume. (trahir)
e) **Vendu** aux enchères, ce tableau a rapporté une grosse somme à l'association. (vendre)

46. 방법부사

■ **EXERCICE 1:** 괄호 안의 형용사를 '**–ment**' 부사로 만들어 문장을 완성하시오.

a) Il répond **machinalement**. (machinal)
b) Cette machine coûte **excessivement** cher. (excessif)
c) Il lui caresse les cheveux **affectueusement**. (affectueux)
d) Ils se comportent **poliment**. (poli)
e) Il se jette dans le fauteuil **négligemment**. (négligent)

■ **EXERCICE 2:** 부사(구)의 위치에 주의하면서 복합과거 시제 문장으로 바꾸어 쓰시오.

a) Vous réagissez *mal*. → **Vous avez mal réagi.**
b) Vous dansez *très énergiquement*. → **Vous avez dansé très énergiquement.**
c) Vous travaillez *bien*. → **Vous avez bien travaillé.**
d) Vous travaillez *suffisamment longtemps*. → **Vous avez travaillé suffisamment longtemps.**
e) Vous attendez *avec patience*. → **Vous avez attendu avec patience.**

■ **EXERCICE 3:** 이탤릭체 형용사를 '**-ment**' 부사로 만들어 유사한 의미의 문장을 완성하시오.

a) Ton regard est *attentif.* → Tu regardes **attentivement.**
b) Ton sourire est *malicieux.* → Tu souris **malicieusement.**
c) Ton travail est *sérieux.* → Tu travailles **sérieusement.**
d) Ton rire est *joyeux.* → Tu ris **joyeusement.**
e) Ta voix est *calme.* → Tu parles **calmement.**

■ **EXERCICE 4:** 이탤릭체 부분을 유사한 의미의 **'-ment'** 부사로 대체하여 문장을 완성하시오.

a) Ils traiteront le dossier *avec lenteur.* → Ils traiteront le dossier **lentement**.
b) Il m'a accueilli *avec chaleur.* → Il m'a accueilli **chaleureusement**.
c) Il a su dire non *avec courage.* → Il a su dire non **courageusement**.
d) Il répond *avec timidité.* → Il répond **timidement**.
e) Ils ont refusé la demande *avec cruauté.* → Ils ont refusé la demande **cruellement**.

47. 전치사 à와 de

■ **EXERCICE 1:** **à**와 **de** 중 알맞은 전치사로 문장을 완성하시오.

a) **A** midi, il va déjeuner.
b) Il consacre beaucoup de temps **à** ses enfants.
c) Ils sont fiers **de** leur réussite.
d) Il se rend **à** l'île Maurice.
e) Ils ont la nostalgie **de** leur pays natal.

■ **EXERCICE 2:** **à**와 **de** 중 알맞은 전치사로 문장을 완성하시오.

a) Ils ont tous participé **à** ce concours.
b) Evite **de** lui mentir.
c) J'ai hâte **de** visiter ce pays.
d) Elle s'efforce **de** terminer son ouvrage à temps.
e) Est-il possible **de** venir accompagné ?

■ **EXERCICE 3:** **à**와 **de** 중 알맞은 전치사로 문장을 완성하시오.

a) Il a toujours été fidèle **à** ses amis.
b) La maison **de** Sophie se trouve juste à côté d'une salle de concert.
c) **De** toute façon, ils y sont attachés maintenant.
De toute façon은 '어쨌든, 여하간'의 의미를 지닌 관용표현임.
d) **A** ma grande surprise, le résultat du concours a été truqué.
A ma (grande) surprise는 '내가 (몹시) 놀라게도' 의 의미를 지닌 관용표현임.

e) Ils ont reçu un pot **de** vin.
pot de vin(뇌물)은 합성명사.

■ **EXERCICE 4: au, aux, du, des 중 알맞은 축약형으로 문장을 완성하시오.**

a) Il récupère le ballon **des** enfants.
b) Cette machine est apparue **au** 21e siècle.
c) Valérie va souvent **aux** Champs-Elysées avec des amis.
d) Il gare la voiture **du** président.
e) Cette exposition aura lieu **du** lundi **au** vendredi.

48. 전치사 *en, dans, par, pour...*

■ **EXERCICE 1: en과 dans 중 알맞은 전치사로 문장을 완성하시오.**

a) Il est né à New York, mais il a grandi **en** France.
b) Deux hommes rôdent **dans** le quartier.
c) **En** la matière, Paul est l'un des spécialistes les plus renommés.
d) Il est né **dans** les années 60, **en** 1968 plus précisément.
e) Cette cathédrale a été construite **en** 100 ans.

■ **EXERCICE 2: par, pour, comme 중 알맞은 전치사로 문장을 완성하시오.**

a) Il finit **par** accepter la proposition.
b) Marc se prend **pour** un grand homme.
c) **Comme** collègue, Vincent est très bien.
d) Cécile voyage au moins une fois **par** an.
e) Cédric considère Jaques **comme** son meilleur ami.

■ **EXERCICE 3: en, par, sans 중 알맞은 전치사로 문장을 완성하시오.**

a) Il expose son idée **sans** se précipiter.
b) Juliette croit **en** vous.
c) Commençons **par** faire une liste !
d) Ils vivent **en** parfaite harmonie.
e) Nous sommes partis un peu plus tôt **par** sécurité.

■ **EXERCICE 4: à, en, dans, pour, sans 중 알맞은 전치사로 문장을 완성하시오.**

a) **Dans** quelle direction partons-nous ?
b) **En/Dans** quelle langue comptez-vous présenter vos projets ?

c) Pierre a réexpliqué la règle **pour** que tout le monde la comprenne.

주의! pour que~(~하기 위하여)와 sans que~(~함 없이), faire attention à ce que~(~하도록 주의하다) 등의 구문에서 종속절의 동사는 접속법으로 써 주어야 함.

d) Il a aidé énormément de gens **sans** que personne ne le sache.

e) Faites attention **à** ce que tous les participants puissent prendre la parole.

49. 전치사 pendant과 depuis

■ **EXERCICE 1: pendant과 depuis 중 알맞은 전치사로 문장을 완성하시오.**

a) **Pendant** les travaux, le parc sera fermé.

b) Elle le fréquente **depuis** longtemps.

c) Il n'est pas sorti dehors **depuis** hier.

복합과거가 부정문에서 사용되었을 때는 depuis를 사용할 수 있음.

d) Je l'ai attendu **pendant** des heures.

e) Elles ont habité cette maison **pendant** dix ans.

■ **EXERCICE 2: pendant과 depuis 중 알맞은 전치사로 문장을 완성하시오.**

a) On parle beaucoup de ce chanteur **depuis** quelques temps.

b) Nous pédalions **depuis** une heure.

c) Nous avions marché **pendant** une heure.

d) Les roses sont cultivées **depuis** l'Antiquité.

e) **Pendant** que je l'observais, il a bu trois verres de Ricard !

■ **EXERCICE 3: pendant과 depuis 중 알맞은 전치사로 문장을 완성하시오.**

a) Nous avons discuté **pendant** des heures.

b) J'espère le voir **depuis** trois mois déjà.

c) On peut consulter un dictionnaire **pendant** l'examen.

d) Julie vient d'acheter un roman à lire **pendant** le voyage.

e) Nous avons un temps magnifique **depuis** que nous sommes arrivés.

■ **EXERCICE 4: pendant과 depuis 중 알맞은 전치사로 문장을 완성하시오.**

a) Je coupe du bois **pendant** qu'il fait encore jour.

b) J'ai enfin reçu la lettre que j'attendais **depuis** cinq mois.

c) Je ne vais pas bien **depuis** que j'ai arrêté le yoga.

d) Ils ont arrêté de fumer **pendant** six mois, puis ils se sont finalement remis à fumer.

e) Ils ont arrêté de fumer **depuis** six mois, et ils n'ont toujours pas repris.

복합과거가 부정문에서 사용될 경우뿐 아니라 '부정'의 의미를 지닌 'arrêter de'와 같은 표현과 사용될 때 역시 depuis를 사용할 수 있음.

50. 동사가 선택한 전치사

■ **EXERCICE 1:** 동사에 유의하여 **de, à, sur, avec, en** 중 알맞은 전치사로 문장을 완성하시오.

a) Paul s'y connaît **en** économie.
관용 표현인 s'y connaître en은 '~에 밝다, 정통하다'의 의미.

b) N'insistez pas **sur** ce point. Ma décision est prise.

c) Il ne faut pas se moquer **des** gens un peu maladroits.
se moquer de~에서 전치사 de와 정관사 les가 만나 des로 되었음.

d) Paul se dispute souvent **avec** sa copine

e) Elise souhaite assister **à** la cérémonie des Césars.

■ **EXERCICE 2:** 동사에 유의하여 **de, à, sur** 중 알맞은 전치사로 문장을 완성하시오 **(**전치사가 필요치 않을 경우 **Ø**로 표시하시오**).**

a) Gautier hésite **à** prendre du fromage.
동사 hésiter가 보어와 함께 쓰일 때 늘 전치사 à를 동반함.

b) Lucie profite bien **de** ses vacances pour se ressourcer.

c) Cyriane est tombée **sur** un très bon professeur.

d) Gwladys a fini **de** construire la maquette de la Tour Eiffel.

e) Gwladys a fini **Ø** la construction de la maquette de la Tour Eiffel.

■ **EXERCICE 3:** 주어진 동사를 동반하는 알맞은 전치사로 문장을 완성하시오**(**전치사가 필요치 않을 경우 **Ø**로 표시하시오**).**

a) Sébastien vient de commencer **à** rédiger le discours présidentiel.

b) Sébastien vient de commencer **Ø** la rédaction du discours présidentiel.

c) Vous penserez bien **à** prolonger le contrat.

d) Vous penserez bien **à** la prolongation du contrat.

e) Vous pensez **Ø** qu'ils ont prolongé le contrat ?

■ **EXERCICE 4:** 주어진 동사를 동반하는 알맞은 전치사로 문장을 완성하시오**.**

a) Nous vous invitons **à** diner chez nous ce samedi.

b) Cette publicité incite les gens **à** boire moins.

c) Le roi ordonne **à** ses sujets **de** se mobiliser pour les travaux.

d) Ce stage a permis **à** Fanny **d'**être embauchée.

e) Le maire autorise les villageois **à** organiser une fête à cette date.

51. 형용사가 선택한 전치사

■ **EXERCICE 1:** 형용사에 유의하여 **de**와 **à** 중 알맞은 전치사로 문장을 완성하시오.

a) Aline est persuadée **de** leur implication dans cette affaire.
b) Mathieu est forcé **de** les accueillir.
d) Charles n'est pas obligé **d'**y aller.
c) Paul est fidèle **à** ses amis.
e) Marie est pressée **de** retrouver Paul.

■ **EXERCICE 2:** 형용사에 유의하여 **de, à, en, par, avec** 중 알맞은 전치사로 문장을 완성하시오.

a) Carole est prête **à** faire un compromis.
b) Cet homme politique a plein **d'**ambition.
c) Paul est passionné **par** le théâtre.
d) L'imprimante est compatible **avec** l'ordinateur.
c) Paul est extrêmement fort **en** maths.

■ **EXERCICE 3:** '**de** + 명사구/부정법'은 '**que**종속절'로 바꾸고 '**que** 종속절'은 '**de**+부정법'으로 바꾸어 유사한 의미의 문장을 완성하시오.

a) Manon est convaincue l'innocence de Paul.
→ Manon est convaincue **que Paul est innocent.**
b) Paul est certain d'avoir aperçu le coupable.
→ Paul est certain **qu'il a aperçu le coupable**.
c) Il est plus prudent qu'on arrête de boire.
→ Il est plus prudent **d'arrêter de boire**.

■ **EXERCICE 4:** 전치사 **à**를 포함하는 다음 문장으로부터 전치사 **de**와 비인칭주어 **Il**이 들어가는 유사한 의미의 문장을 만드시오.

a) Cette machine est simple d'emploi. → **Il est simple d'employer cette machine.**
b) Cette énigme est compliquée à résoudre. → **Il est compliqué de résoudre cette énigme.**
c) Cette barrière est impossible à franchir. → **Il est impossible de franchir cette barrière.**
d) Mathieu est facile à convaincre. → **Il est facile de convaincre Mathieu.**

52. 부정법(infinitif)

■ **EXERCICE 1:** 동사를 부정법으로 채워 넣어 유사한 의미의 문장을 완성하시오.

a) Ils sentent que la terre tremble.

→ Ils sentent la terre **trembler**.

b) Je vois que les étoiles brillent dans le ciel.

→ Je vois les étoiles **briller** dans le ciel.

c) Pierre critique tout le temps, et ne fait rien d'autre.

→ Pierre ne fait que **critiquer**.

d) Elle prendra sa douche avant d'aller au lit.

→ Après **avoir pris** sa douche, elle ira au lit.

■ **EXERCICE 2:** 동사를 부정법으로 채워 넣어 유사한 의미의 문장을 완성하시오.

a) Il faut que tu viennes.

→ Il te faut **venir**.

b) Il est urgent que vous finissiez votre rapport.

→ Il est urgent pour vous de **finir votre rapport**.

c) J'aime la façon dont tu joues.

→ J'aime ta façon de **jouer**.

d) Elle se demande qui elle pourrait rencontrer.

→ Elle se demande qui **rencontrer**.

주의! '의문사 + inf.' 구문은 주동사 주어와 부정법 동사 주어가 동일할 때만 가능함.

■ **EXERCICE 3:** 앞 문장의 이탤릭체 부분을 부정법 현재나 과거로 알맞게 바꾸어 뒤 문장을 완성하시오.

a) Elle désire *la poursuite de ses études*.

→ On m'informe de son désir de **poursuivre ses études**.

b) J'ai l'impression *que je l'ai déjà rencontré*.

→ J'ai l'impression de **l'avoir déjà rencontré**.

c) Je connais un restaurant où *je pourrai déjeuner*.

→ Je connais un restaurant où **déjeuner**.

d) *La perte de temps* n'est pas tolérable.

→ **Perdre du temps** n'est pas tolérable.

■ **EXERCICE 4:** 지시사항에 따라 부정법을 포함하는 문장을 만드시오.

a) 눈이 내릴 것이다(비인칭 주어 + 근접미래). → Il va **neiger**.

b) 그는 내게 들어오라고 명령한다(ordonner). → Il m'ordonne d'**entrer**.

c) 그는 아무 소리(bruit)도 내지 않고(sans + inf.) 나간다. → Il sort sans **faire de bruit**.

주의! 'sans + inf.' 구문에서 부정법절 동사의 직·목으로 나타나는 명사구의 부정관사나 부분관사는 de로 변함.

53. 접속법(subjonctif)

■ **EXERCICE 1: 괄호 안의 동사를 접속법 현재로 활용하여 문장을 완성하시오.**

a) Il faut que vous **soyez** discrets. (être)

b) Il est nécessaire que tu **aies** un dictionnaire. (avoir)

c) Il est temps que je **finisse** cet ouvrage. (finir)

d) J'aimerais bien que nous **allions** au bord de la mer. (aller)

e) Il souhaite que vous **arriviez** à l'heure. (arriver)

■ **EXERCICE 2: 괄호 안의 동사를 접속법 현재나 과거로 알맞게 활용하여 문장을 완성하시오.**

a) Il est impossible que vous **partiez** en vacances maintenant. (partir)

b) Etes-vous convaincu qu'ils **sachent faire** cela ? (savoir faire)

être convaincu, penser, croire 등의 표현이 의문문이나 부정문에 나올 때 que 종속절에서는 직설법 대신 접속법을 써 줌.

c) Je ne suis pas certaine qu'il **ait bien retenu** la leçon. (avoir bien retenu)

d) J'exige qu'il **soit revenu** avant minuit. (être revenu)

e) Il semble que tu **aies eu peur**. (avoir eu peur)

■ **EXERCICE 3: 앞 문장을 종속절로 삽입하여 뒤 문장을 완성하시오.**

a) Paul et Céline sont bien accueillis.

→ Je me réjouis que **Paul et Céline soient bien accueillis**.

b) Mon frère a remporté le prix.

→ Je suis ravi que **mon frère ait remporté le prix**.

c) Les employés sont en retard.

→ Le patron est furieux que **les employés soient en retard**.

d) Ce sportif réussira cet exploit.

→ Croyez-vous que **ce sportif réussisse cet exploit** ?

생각과 사고를 나타내는 동사가 의문문에 나올 때 que 종속절에서는 접속법을 써 줌.

■ **EXERCICE 4: 이탤릭체 동사를 접속법으로 활용하여 뒤 문장을 완성하시오.**

a) Peut-il *aller se coucher* ? – Mais oui, qu'il **aille se coucher** !

'que + 접속법'의 형태로 3인칭 명령을 나타냄. 'J'ordonne' 정도의 주절이 'qu'il aille se coucher'절 앞에서 생략되었다고 볼 수 있음.

b) Peut-il *prendre ces documents* ? – Mais oui, qu'il **prenne ces documents** !

c) Peut-il *prévenir les gens* ? – Mais oui, qu'il **prévienne les gens !**

d) *Souhaitera*-t-elle vous recevoir ? – Qu'elle le **souhaite** ou non, elle nous recevra !

54. 조건법(conditionnel)

■ **EXERCICE 1:** 괄호 안의 동사를 조건법 현재로 활용하여 문장을 완성하시오.

a) Elle **achèterait** une belle voiture, si elle avait de l'argent. (acheter)
b) Il **voyagerait** plus souvent, s'il avait le temps. (voyager)
c) Si j'étais toi, je ne lui **ferais** pas confiance. (faire)
d) Tu **devrais** aider tes amis en difficulté. (devoir)
e) J'ai pris mon parapluie au cas où il **pleuvrait**. (pleuvoir)
au cas où~ 종속절의 동사는 조건법으로 써 줌.

■ **EXERCICE 2:** 괄호 안의 동사를 조건법 현재로 활용하여 문장을 완성하시오.

a) **Pourriez**–vous m'accorder un délai ? (pouvoir)
b) Elle **serait** ravie de faire votre connaissance. (être)
c) Au lieu de raconter n'importe quoi, nous **devrions** nous taire. (devoir)
d) Vous ne le **devineriez** pas. (deviner)
e) **Aurais**-tu besoin de mon aide ? (avoir)

■ **EXERCICE 3:** 괄호 안의 동사를 조건법 과거로 활용하여 문장을 완성하시오.

a) Ils **auraient choisi** cette option. (choisir)
b) Si elle avait su, elle **aurait appris** plusieurs langues étrangères. (apprendre)
c) Elle **aurait acheté** une belle voiture, si elle avait eu de l'argent. (acheter)
d) Tu n'es pas venu, mais tu avais le temps. Tu **aurais pu venir**! (pouvoir venir)
e) Elle m'envoie parfois un mail. Je vais consulter ma boîte électronique au cas où elle **m'aurait laissé un message**. (me laisser un message)

■ **EXERCICE 4:** 앞 문장을 뒤 문장의 종속절에 알맞게 집어 넣으시오.

a) Tu travailleras davantage.
→ Tu m'as promis que **tu travaillerais davantage**.
주절시제가 과거일 때 종속절에 나온 조건법은 '과거 속의 미래'의 의미를 지님.
b) Nous réussirons.
→ J'ai toujours su que **nous réussirions**.
c) Cette activité se développera rapidement.
→ Ils ont dit que **cette activité se développerait rapidement**.
d) Il jouera bien mieux lorsqu'il aura acquis cette technique.
→ Il m'avait garanti qu'**il jouerait bien mieux lorsqu'il aurait acquis cette technique**.

55. 시제일치

■ **EXERCICE 1:** 주절 동사의 시제변화에 유의하여 종속절을 완성하시오.

a) Je sais qu'il t'aime bien. → Je savais **qu'il t'aimait bien**.
b) Nous pensons qu'il viendra. → Nous pensions **qu'il viendrait**.
c) Elle reconnaît que j'ai eu raison. → Elle reconnaissait **que j'avais eu raison**.
d) Il est sûr qu'elle se perdra en chemin. → Il était sûr **qu'elle se perdrait en chemin**.
e) J'espère que tu auras terminé avant midi. → J'espérais **que tu aurais terminé avant midi**.

■ **EXERCICE 2:** 괄호 안의 동사를 지시사항에 맞게 활용하여 문장을 완성하시오.

a) Il était au courant que nous **viendrions** tout de suite. (venir, 주절보다 뒤에).
b) Je me souviens qu'il **a dit cela**. (dire cela, 주절에 선행)
c) Elle est certaine que vous **êtes chargé de ce travail**. (être chargé de ce travail, 주절과 동시에)
d) Nous savons qu'il **fera beau** demain. (faire beau, 주절보다 뒤에)
e) Il affirme qu'elle **s'est moquée de lui** (se moquer de lui, 주절에 선행)

■ **EXERCICE 3:** 이탤릭체 동사를 괄호 안에 제시된 시제로 바꾸어 문장을 다시 쓰시오.

a) Elle *trouve* que tu exagères. (반과거)
→ **Elle trouvait que tu exagérais.**
b) Elle *était* certaine que nous nous reverrions. (현재)
→ **Elle est certaine que nous nous reverrons.**
c) On nous *dit* que vous avez été absente. (반과거)
→ **On nous disait que vous aviez été absente.**
d) J'*ai appris* qu'il lui avait fait beaucoup de reproches. (현재)
→ **J'apprends qu'il lui a fait beaucoup de reproches.**
e) Il *croit* qu'on lui veut du mal. (미래)
→ **Il croira qu'on lui veut du mal.**
주절 동사가 현재에서 미래로 바뀔 경우 종속절 시제는 일반적으로 불변함.

■ **EXERCICE 4:** 괄호 안의 동사를 알맞은 법(**mode**)과 시제로 활용하여 문장을 완성하시오.

a) Il veut que nous **venions** tout de suite. (venir)
b) Je regrette qu'il **ait dit cela** hier soir. (dire cela)
c) Elle ordonne que vous **soyez chargé de ce travail**. (être chargé de ce travail)
d) Nous craignons qu'il **fasse mauvais** demain. (faire mauvais)
e) Il est furieux qu'elle **se soit moquée de lui** tout au long du diner. (se moquer de lui)

56. 단문과 복문

▪ **EXERCICE 1:** 문장의 모든 동사를 표시하고 단문인지 복문인지 적으시오.

a) Paul avoue qu'il a menti. 동사: **avouer(avoue), mentir(a menti)** → 복문

b) Paul est content que Jeanne soit revenue. 동사: **être(est), être(soit)** → 복문

c) Paul se pose toujours trop de questions à propos de tout et rien. 동사: **poser(pose)** → 단문

d) La robe qui était blanche est maintenant grise. 동사: **être(était), être(est)** → 복문

e) Je parle du bonnet bleu que tu portais hier. 동사: **parler(parle), porter(portais)** → 복문

▪ **EXERCICE 2:** 문장의 모든 동사를 표시하고 단문인지 복문인지 적으시오.

a) Fais attention, c'est un homme dangereux. 동사: **faire(fais), être(est)** → 복문

b) Ils m'ont demandé une explication, mais je n'en ai aucune. 동사: **demander(ont demandé), avoir(ai)** → 복문

c) Paul ira là où il voudra. 동사: **aller(ira), vouloir(voudra)** → 복문

d) J'ai toujours eu une totale confiance en lui. 동사: **avoir(ai eu)** → 단문

e) C'est une explication qui me paraît valable. 동사: **être(est), paraître(paraît)** → 복문

▪ **EXERCICE 3:** 문장의 모든 동사를 표시하고 단문인지 복문인지 적으시오.

a) Demain après-midi, Marianne se promènera dans le parc avec ses amis.
동사: **se promener(se promènera)**→ 단문

b) Paul entend Marie chanter. 동사: **entendre(entend), chanter(chanter)** → 복문

c) Paul voit Pierre frapper Marie. 동사: **voir(voit), frapper(frapper)** → 복문

d) Marie a senti la terre trembler. 동사: **sentir(a senti), trembler(trembler)** → 복문

e) Je t'entends souvent jouer du piano. 동사: **entendre(entends), jouer(jouer)** → 복문

▪ **EXERCICE 4:** 문장의 모든 동사를 표시하고 단문인지 복문인지 적으시오.

a) Paul fait manger le bébé. 동사: **faire(fait), manger(manger)** → 복문

b) Paul fait manger sa soupe au bébé. 동사: **faire(fait), manger(manger)** → 복문

c) Le métro étant en grève, j'ai pris un taxi. 동사: **être(étant), prendre(ai pris)** → 복문

d) D'ici ce week-end, ça ne leur laisse pas beaucoup de temps. 동사: **laisser(laisse)** → 단문

e) L'hiver venu, ils sont partis pour un pays plus chaud. 동사: **venir(venu), partir(sont partis)** → 복문

57. 모음생략(élision)

■ **EXERCICE 1:** 모음생략에 주의하면서 괄호 안에 제시된 표현을 사용하여 프랑스어 문장을 완성하시오.

a) 나는 런던에 살았다(habiter).
→ **J'ai habité** à Londres.

b) 그것(ce)은 중요한 약속이다.
→ **C'est** un rendez-vous important.

c) 그것(ce)은 중요한 약속이 아니다.
→ **Ce n'est** pas un rendez-vous important.

d) 영문학, 그것을(la) 그녀는 대학에서 공부한다(étudier).
→ La littérature anglaise, elle **l'étudie** à la faculté.

e) 거기 도착하면 제게 전화하실(appeler) 거지요?
→ Vous **m'appellerez** quand vous arriverez là-bas ?

■ **EXERCICE 2:** 모음생략에 주의하면서 괄호 안에 제시된 표현을 사용하여 프랑스어 문장을 완성하시오.

a) 우리(on)가 들어오자마자(dès que~) 비가 오기 시작했다.
→ **Dès qu'on** est rentré, il a commencé à pleuvoir.

b) 나는 아까 낮잠을 잤다(낮잠 자다= faire la sieste)
→ **J'ai fait la sieste** tout à l'heure.

c) 그들이 찾는 사람은 오늘 오지 않았다.
→ La personne **qu'ils** cherchent **n'est** pas venue aujourd'hui.

d) 그것에 대해(y) 생각조차 하지 마시오.
→ **N'y pensez** même pas !

e) 그것에 대해(en) 이야기 하지 말아라.
→ **N'en parle** pas !

■ **EXERCICE 3:** 모음생략에 주의하면서 괄호 안에 제시된 표현을 사용하여 프랑스어 문장을 완성하시오.

a) 다음 겨울에 나는 새 아파트로 입주할(emménager) 것이다.
→ **L'hiver** prochain, **j'emménagerai** dans un nouvel appartement.

b) 지난 여름에 우리는 이탈리아 남부를 여행했다.
→ **L'été** dernier, nous avons visité le sud de **l'Italie**.

c) 그는 여러 부서를 통합한다는 생각(idée)을 받아들이지(accepter) 않는다.
→ Il **n'accepte** pas **l'idée** de regrouper plusieurs services.

d) 내게는(me) 그 기억을 지우는(effacer) 것이 중요했다.

→ Il **m'était** important **d'effacer** ce souvenir.

e) 그는 오후 세 시경에 공원으로 갔다(se rendre à).

→ Il **s'est rendu** au parc vers trois heures de **l'après-midi**.

58. 연음(liaison)

■ **EXERCICE 1:** 아래 문장에서 연음을 해 주어야 하는 곳에 표시하시오.

a) Ont ‿ **-ils** enfin trouvé quelqu'un ?

b) Déplace le tableau plu**s** ‿ **à** droite !

참고로, 철자 s는 연음 시 유성음화 하여 [s]→ [z] 로 발음이 변함(plus [z] ‿ à).

c) Paul est mon gran**d** ‿ **a**mi.

d) Paul vou**s** ‿ **y** amènera.

e) J'aperçois le tableau don**t** ‿ **il** m'a parlé.

■ **EXERCICE 2:** 아래 문장에서 연음을 해 주어야 하는 곳에 모두 표시하시오.

a) Nou**s** ‿ **al**lions pique-niquer de temp**s** ‿ **en** temps.

b) I**l** ‿ **est** ‿ **al**lé au cinéma.

c) Joël est toujours trè**s** ‿ **à** l'aise ave**c** ‿ **eu**x.

d) I**l** ‿ **é**tait presque neu**f** ‿ **heu**res.

참고로, 철자 f는 연음 시 유성음화 하여 [f]→ [v] 로 발음이 변함(neuf [v] ‿ heures).

e) Elle**s** ‿ **on**t écrit ce livre pendant un lon**g** ‿ **hi**ver.

■ **EXERCICE 3:** 아래 문장에서 연음을 해 주어야 하는 곳에 모두 표시하시오.

a) Quan**d** ‿ **elle** ‿ **é**tait petite, elle n'était pas bavarde.

참고로, 철자 d는 연음 시 유성음화 하여 [d]→ [t] 로 발음이 변함(quand [t] ‿ elle).

b) Paul nou**s** ‿ **en** ‿ **a** déjà parlé.

c) Vou**s** ‿ **a**vez une véritable chance.

d) Ce**s** ‿ **é**coles sont trè**s** ‿ **ap**préciées des recruteurs.

e) Le**s** ‿ **en**fants bougent san**s** ‿ **ar**rêt.

■ **EXERCICE 4:** 아래 문장에서 연음을 해서는 안 되는 곳에 모두 표시하시오.

a) Combien // ils sont ?

b) Les étudiants // ont répondu au questionnaire.

c) Un petit // hérisson traverse la route.

d) Ce garçon // est un enfant // attentionné et // intelligent.

e) Les élèves // écrivent // une carte postale à leurs amis.

59. 같은 형태, 다른 문법요소

■ **EXERCICE 1:** 이탤릭체 단어가 전치사인지 중성대명사인지 적으시오.

a) J'ai confiance *en* lui. **전치사**

b) Parlons-*en* davantage. **중성대명사**

c) Paul comprend mieux ses difficultés *en* parlant avec Sabine. **전치사**

d) *En* ce qui me concerne, c'est d'accord. **전치사**

e) J'*en* garde un très bon souvenir. **중성대명사**

■ **EXERCICE 2:** 이탤릭체 단어가 관사인지 전치사인지 적으시오.

a) Elle a *de* beaux vêtements. **관사**
원래 des beaux vêtements의 어순에서 복수의 des를 받아 de로 쓴 것이므로 '관사의 de'임.

b) *De* nos jours, les gens achètent moins de journaux papier. **전치사**

c) Voici l'adresse *de* mon ami. **전치사**

d) Elle essaie *de* finir le chapitre. **전치사**

e) Il n'y a pas *de* murs. **관사**
긍정문 Il y a des murs에서 왔으므로 '관사의 de'임.

■ **EXERCICE 3:** 이탤릭체 단어가 주어, 직·목, 간·목, 강세형 대명사 중 어느 것인지 적으시오.

a) *Elle* me dit bonjour. **주어**

b) Dis-*lui* bonjour de ma part. **간·목**

c) Je *le* pense vraiment. **직·목**
중성대명사의 le도 penser동사의 직·목임.

d) Je pense à *elle*. **강세형**

e) *Elle*, je la connais. **강세형**

■ **EXERCICE 4:** 이탤릭체 단어가 의문대명사, 관계대명사, 종속접속사 중 어느 것인지 적으시오.

a) Je pense *que* tu as raison. **종속접속사**

b) Je veux rencontrer le romancier *qui* a écrit ce livre. **관계대명사**

c) Je me demande *qui* peut bien venir à cette fête. **의문대명사**

d) Je veux lire le livre *que* tu m'as offert. **관계대명사**

e) *Que* voulez-vous ? **의문대명사**

60. 직접화법과 간접화법

■ **EXERCICE 1:** 제시된 문장을 **que**나 의문사로 알맞게 유도하여 간접화법의 문장을 완성하시오.

a) « Je te téléphonerai. » → Elle me promet **qu'elle me téléphonera**.

b) « Je voudrais partir plus tôt. » → Vous dites **que vous voudriez partir plus tôt.**

c) « Nous ne mentons pas ! » → Ils me disent **qu'ils ne mentent pas.**

d) « Je préfère aller à la montagne. » → Il me dira **qu'il préfère aller à la montagne.**

e) « Qui êtes-vous ? » → Il me demande **qui je suis**.

■ **EXERCICE 2:** 제시된 문장을 **que**나 **si**나 의문사로 알맞게 유도하여 간접화법의 문장을 완성하시오.

a) « Je te téléphonerai. » → Elle m'a promis **qu'elle me téléphonerait**.

b) « Je voudrais partir plus tôt. » → Vous avez dit **que vous voudriez partir plus tôt**.
주절이 과거일 때 종속절에 '공손 어법'으로 쓰인 조건법은 변화 없이 그대로 써 줌(voudriez).

c) « Nous ne mentons pas ! » → Ils m'ont dit **qu'ils ne mentaient pas**.

d) « Ils partent tout de suite ? » → Il m'a demandé **s'ils partaient tout de suite**.

e) « Pourquoi partez-vous ? » → Il m'a demandé **pourquoi je partais/nous partions**.

■ **EXERCICE 3:** 제시된 문장을 **de**로 유도하여 간접화법의 문장을 완성하시오.

a) « Range ta chambre ! » → Il m'ordonne **de ranger ma chambre**.

b) « Soyez à l'heure ! » → Il leur ordonne **d'être à l'heure**.

c) « Faites particulièrement attention ! » → Il leur a ordonné **de faire particulièrement attention**.

d) « Ne faites pas de bruit ! » → Il leur ordonnera **de ne pas faire de bruit**.

e) « Partons tout de suite ! » → Il leur a proposé **de partir tout de suite**.

■ **EXERCICE 4:** 시간·장소 부사의 변화에 주의하면서 간접화법의 문장을 완성하시오.

a) « Il neigera demain. » → Jean disait **qu'il neigerait le lendemain**.

b) « Je rentrerai la semaine prochaine. » → Jean disait **qu'il rentrerait la semaine suivante**.

c) « Je suis arrivé hier. » → Jean disait **qu'il était arrivé la veille**.

d) « Je l'ai rencontré hier soir. » → Il m'a dit **qu'il l'avait rencontré la veille au soir**.
주절 시제가 과거일 때 종속절에 쓰인 hier soir(어제 저녁)은 la veille au soir(그 전날 저녁)으로 바뀜.

e) « J'irai au bord de la mer ce soir, dès que j'aurai terminé mon article. »
→ Jean disait **qu'il irait au bord de la mer ce soir-là, dès qu'il aurait terminé son article**.

핵심 프랑스어 문법규칙 60

부 록

부록 1

주요 동사의 보어 유형 및 제약

* 취할 수 있는 보어 유형 별로 주요 동사들을 분류하고, 각 하위부류 안에서 하나의 동사를 대표로 삼아 예문과 함께 제시함. 예시 동사 뒤에 나오는 표는 학습자/사용자가 해당 동사의 보어 유형(명사구, 전치사구...) 및 제약(qqn/qqch, ind./sub....)을 염두에 두고 직접 문장을 완성해 보는 공간임. 지면상 몇몇 동사만 제시함.

** 표에 제시된 보어 유형은 동사가 선택하는 기본 구조를 나타내며 실제 발화상황에서는 보어 중 일부만 실현되기도 함(예. 〈Promettre〉류나 〈Offrir〉류 동사에서 à qqn은 종종 생략됨).

〈Accepter〉

	명사구	부정법	que절
Accepter *J'accepte*	**qqch/qqn**	**de** +inf.	**que** +sub.
	votre offre.	*de travailler avec vous.*	*que nous travaillions ensemble.*

Admettre *J'admets*	**qqch/qqn**	**de** +inf.	**que** +ind./sub.

Craindre *Je crains*	**qqch/qqn**	**de** +inf.	**que** +sub.

Oublier *J'oublie*	**qqch/qqn**	**de** +inf.	**que** +ind.

Regretter *Je regrette*	**qqch/qqn**	**de** +inf.	**que** +sub.

〈Adorer〉

Adorer *J'adore*	명사구	부정법	que절
	qqch/qqn	+inf.	**que** +sub.
	la musique.	*écouter de la musique.*	*qu'on m'invite au restaurant.*

Aimer *J'aime*	**qqch/qqn**	+inf.	**que** +sub.

Avouer *J'avoue*	**qqch**	+inf.	**que** +ind.

Détester *Je déteste*	**qqch/qqn**	+inf.	**que** +sub.

Espérer *J'espère*	**qqch**	+inf.	**que** +ind.

Préférer *Je préfère*	**qqch/qqn**	+inf.	**que** +sub.

Reconnaître *Je reconnais*	**qqch/qqn**	+inf.	**que** +ind.

〈Promettre〉

Promettre *Je promets*	명사구 +전치사구	전치사구 + 부정법	전치사구 +que절
	qqch/qqn à qqn	**à qqn de** +inf.	**à qqn que** +ind.
	un cadeau à mes parents.	*à mes parents de leur offrir un cadeau.*	*à mes parents que je leur offrirai un cadeau.*

Demander *Je demande*	**qqch à qqn**	**à qqn de** +inf.	**à qqn que** +sub.

Imposer *J'impose*	**qqch à qqn**	**à qqn de** +inf.	**à qqn que** +sub.

Ordonner *J'ordonne*	**qqch à qqn**	**à qqn de** +inf.	**à qqn que** +sub.

Proposer *Je propose*	**qqch à qqn**	**à qqn de** +inf.	**à qqn que** +sub.

Suggérer *Je suggère*	**qqch à qqn**	**à qqn de** +inf.	**à qqn que** +sub.

〈Ecrire〉

Ecrire *J'écris*	명사구+전치사구	전치사구+que 절
	qqch à qqn	**à qqn que** +ind.
	une lettre à Paul.	*à Paul que je vais mieux.*

Confier *Je confie*	**qqch/qqn à qqn**	**à qqn que** +ind.

Révéler *Je révèle*	**qqch à qqn**	**à qqn que** +ind.

〈Prévenir〉

	명사구+전치사구	명사구+que 절
Prévenir *Je préviens*	**qqn de qqch**	**que** +ind.
	les organisateurs du retard.	*les organisateurs qu'il y a un retard.*

Informer *J'informe*	**qqn de qqch**	**que** +ind.

〈Accuser〉

	명사구+전치사구	명사구+ 부정법
Accuser *J'accuse*	**qqch/qqn de qqch**	**qqch/qqn de** +inf.
	ma sœur de mensonge.	*ma sœur de mentir.*

Charger *Je charge*	**qqn de qqch**	**qqn de** +inf.

Persuader *Je persuade*	**qqn de qqch**	**qqn de** +inf.

〈Inciter〉

	명사구+전치사구	명사구+부정법
Inciter *J'incite*	**qqn à qqch**	**qqn à** +inf.
	J'incite Cécile à la franchise.	*J'incite Cécile à être franche.*

Amener *J'amène*	**qqn à qqch**	**qqn à** +inf.

Conduire *Je conduis*	**qqn à qqch**	**qqn à** +inf.

Inviter *J'invite*	**qqn à qqch**	**qqn à** +inf.

〈Finir〉

Finir *Je finis*	명사구	부정법
	qqch	**de** +inf.
	mon dîner.	*de dîner.*

Choisir *Je choisis*	**qqch/qqn**	**de** +inf.

Terminer *Je termine*	**qqch**	**de** +inf.

〈Offrir〉

Offrir *J'offre*	명사구 +전치사구
	qqch à qqn[~에게]
	un verre à mes amis.

Consacrer *Je consacre*	**qqch à qqn**[~에게]

Donner *Je donne*	**qqch à qqn**[~에게]

Prêter *Je prête*	**qqch à qqch/qqn** [~에게]

〈Emprunter〉

Emprunter *J'emprunte*	명사구 +전치사구
	qqch à qqn [~에게서]
	des verres à Marie.

Arracher *J'arrache*	**qqch à qqn** [~에게서]

Enlever *J'enlève*	**qqch à qqn** [~에게서]

Prendre *Je prends*	**qqch à qqn** [~에게서]

〈Traiter〉

Traiter *Je traite*	명사구+전치사구
	qqn de qqch
	le vendeur de voleur.

Prendre *Je prends*	**qqn pour qqch/qqn**

Renseigner *Je renseigne*	**qqn sur qqch**

〈Assister〉

Assister *J'assiste*	전치사구
	à qqch
	au concert.

Compter *Je compte*	**sur qqch/qqn**

Douter *Je doute*	**de qqch/qqn**

Insister *J'insiste*	**sur qqch**

Participer *Je participe*	**à qqch**

Penser *Je pense*	**à qqch/qqn**

Profiter *Je profite*	**de qqch/qqn**

Renoncer *Je renonce*	**à qqch/qqn**

부록 2

동사변화표

* 조동사에 이어 기본적인 몇몇 동사의 활용형을 알파벳 순으로 제시함.

** 원칙적으로 il과 ils 옆에 각각 써 주어야 하는 elle과 elles은 표의 가독성을 위해 편의상 생략함. je, tu, nous, vous는 남성 주어의 변화형을 제시하였고 특히 vous는 2인칭 남성복수 주어의 변화형을 대표로 제시함(예. *vous êtes allés*).

Avoir

현재	복합과거	반과거	대과거
_j'**ai**_ _tu **as**_ _il **a**_ _nous **avons**_ _vous **avez**_ _ils **ont**_	_j'ai **eu**_ _tu as **eu**_ _il a **eu**_ _nous avons **eu**_ _vous avez **eu**_ _ils ont **eu**_	_j'**avais**_ _tu **avais**_ _il **avait**_ _nous **avions**_ _vous **aviez**_ _ils **avaient**_	_j'avais **eu**_ _tu avais **eu**_ _il avait **eu**_ _nous avions **eu**_ _vous aviez **eu**_ _ils avaient **eu**_
단순미래	**전미래**	**접속법 현재**	**접속법 과거**
j'**aurai** _tu **auras**_ _il **aura**_ _nous **aurons**_ _vous **aurez**_ _ils **auront**_	_j'aurai **eu**_ _tu auras **eu**_ _il aura **eu**_ _nous aurons **eu**_ _vous aurez **eu**_ _ils auront **eu**_	_que j'**aie**_ _que tu **aies**_ _qu'il **ait**_ _que nous **ayons**_ _que vous **ayez**_ _qu'ils **aient**_	_que j'aie **eu**_ _que tu aies **eu**_ _qu'il ait **eu**_ _que nous ayons **eu**_ _que vous ayez **eu**_ _qu'ils aient **eu**_
조건법 현재	**조건법 과거**	**명령법**	
j'**aurais** _tu **aurais**_ _il **aurait**_ _nous **aurions**_ _vous **auriez**_ _ils **auraient**_	_j'aurais **eu**_ _tu aurais **eu**_ _il aurait **eu**_ _nous aurions **eu**_ _vous auriez **eu**_ _ils auraient **eu**_	_**aie**_ _**ayons**_ _**ayez**_	

Être

현재	복합과거	반과거	대과거
*je **suis*** *tu **es*** *il **est*** *nous **sommes*** *vous **êtes*** *ils **sont***	*j'ai **été*** *tu as **été*** *il a **été*** *nous avons **été*** *vous avez **été*** *ils ont **été***	*j'**étais*** *tu **étais*** *il **était*** *nous **étions*** *vous **étiez*** *ils **étaient***	*j'avais **été*** *tu avais **été*** *il avait **été*** *nous avions **été*** *vous aviez **été*** *ils avaient **été***
단순미래	**전미래**	**접속법 현재**	**접속법 과거**
*je **serai*** *tu **seras*** *il **sera*** *nous **serons*** *vous **serez*** *ils **seront***	*j'aurai **été*** *tu auras **été*** *il aura **été*** *nous aurons **été*** *vous aurez **été*** *ils auront **été***	*que je **sois*** *que tu **sois*** *qu'il **soit*** *que nous **soyons*** *que vous **soyez*** *qu'ils **soient***	*que j'aie **été*** *que tu aies **été*** *qu'il ait **été*** *que nous ayons **été*** *que vous ayez **été*** *qu'ils aient **été***
조건법 현재	**조건법 과거**	**명령법**	
*je **serais*** *tu **serais*** *il **serait*** *nous **serions*** *vous **seriez*** *ils **seraient***	*j'aurais **été*** *tu aurais **été*** *il aurait **été*** *nous aurions **été*** *vous auriez **été*** *ils auraient **été***	***sois*** ***soyons*** ***soyez***	

Aimer

현재	복합과거	반과거	대과거
j'aime *tu aimes* *il aime* *nous aim**ons*** *vous aim**ez*** *ils aim**ent***	*j'ai aimé* *tu as aimé* *il a aimé* *nous avons aimé* *vous avez aimé* *ils ont aimé*	*j'aim**ais*** *tu aim**ais*** *il aim**ait*** *nous aim**ions*** *vous aim**iez*** *ils aim**aient***	*j'avais aimé* *tu avais aimé* *il avait aimé* *nous avions aimé* *vous aviez aimé* *ils avaient aimé*
단순미래	**전미래**	**접속법 현재**	**접속법 과거**
*j'aime**rai*** *tu aime**ras*** *il aime**ra*** *nous aime**rons*** *vous aime**rez*** *ils aime**ront***	*j'aurai aimé* *tu auras aimé* *il aura aimé* *nous aurons aimé* *vous aurez aimé* *ils auront aimé*	*que j'aime* *que tu aimes* *qu'il aime* *que nous aim**ions*** *que vous aim**iez*** *qu'ils aim**ent***	*que j'aie aimé* *que tu aies aimé* *qu'il ait aimé* *que nous ayons aimé* *que vous ayez aimé* *qu'ils aient aimé*
조건법 현재	**조건법 과거**	**명령법**	
*j'aime**rais*** *tu aime**rais*** *il aime**rait*** *nous aime**rions*** *vous aime**riez*** *ils aime**raient***	*j'aurais aimé* *tu aurais aimé* *il aurait aimé* *nous aurions aimé* *vous auriez aimé* *ils auraient aimé*	*aime* *aim**ons*** *aim**ez***	

Aller

현재	복합과거	반과거	대과거
je **vais** tu **vas** il **va** nous **allons** vous **allez** ils **vont**	je suis **allé** tu es **allé** il est **allé** nous sommes **allés** vous êtes **allés** ils sont **allés**	j'**allais** tu **allais** il **allait** nous **allions** vous **alliez** ils **allaient**	j'étais **allé** tu étais **allé** il était **allé** nous étions **allés** vous étiez **allés** ils étaient **allés**
단순미래	**전미래**	**접속법 현재**	**접속법 과거**
j'**irai** tu **iras** il **ira** nous **irons** vous **irez** ils **iront**	je serai **allé** tu seras **allé** il sera **allé** nous serons **allés** vous serez **allés** ils seront **allés**	que j'**aille** que tu **ailles** qu'il **aille** que nous **allions** que vous **alliez** qu'ils **aillent**	que je sois **allé** que tu sois **allé** qu'il soit **allé** que nous soyons **allés** que vous soyez **allés** qu'ils soient **allés**
조건법 현재	**조건법 과거**	**명령법**	
j'**irais** tu **irais** il **irait** nous **irions** vous **iriez** ils **iraient**	je serais **allé** tu serais **allé** il serait **allé** nous serions **allés** vous seriez **allés** ils seraient **allés**	**va** **allons** **allez**	

Choisir

현재	복합과거	반과거	대과거
je chois**is** tu chois**is** il chois**it** nous chois**issons** vous chois**issez** ils chois**issent**	j'ai chois**i** tu as chois**i** il a chois**i** nous avons chois**i** vous avez chois**i** ils ont chois**i**	je chois**issais** tu chois**issais** il chois**issait** nous chois**issions** vous chois**issiez** ils chois**issaient**	j'avais chois**i** tu avais chois**i** il avait chois**i** nous avions chois**i** vous aviez chois**i** ils avaient chois**i**
단순미래	**전미래**	**접속법 현재**	**접속법 과거**
je chois**irai** tu chois**iras** il chois**ira** nous chois**irons** vous chois**irez** ils chois**iront**	j'aurai chois**i** tu auras chois**i** il aura chois**i** nous aurons chois**i** vous aurez chois**i** ils auront chois**i**	que je chois**isse** que tu chois**isses** qu'il chois**isse** que nous chois**issions** que vous chois**issiez** qu'ils chois**issent**	que j'aie chois**i** que tu aies chois**i** qu'il ait chois**i** que nous ayons chois**i** que vous ayez chois**i** qu'ils aient chois**i**
조건법 현재	**조건법 과거**	**명령법**	
je chois**irais** tu chois**irais** il chois**irait** nous chois**irions** vous chois**iriez** ils chois**iraient**	j'aurais chois**i** tu aurais chois**i** il aurait chois**i** nous aurions chois**i** vous auriez chois**i** ils auraient chois**i**	chois**is** chois**issons** chois**issez**	

Connaître

현재	복합과거	반과거	대과거
je connais tu connais il connaît nous connaissons vous connaissez ils connaissent	j'ai connu tu as connu il a connu nous avons connu vous avez connu ils ont connu	je connaissais tu connaissais il connaissait nous connaissions vous connaissiez ils connaissaient	j'avais connu tu avais connu il avait connu nous avions connu vous aviez connu ils avaient connu
단순미래	**전미래**	**접속법 현재**	**접속법 과거**
je connaîtrai tu connaîtras il connaîtra nous connaîtrons vous connaîtrez ils connaîtront	j'aurai connu tu auras connu il aura connu nous aurons connu vous aurez connu ils auront connu	que je connaisse que tu connaisses qu'il connaisse que nous connaissions que vous connaissiez qu'ils connaissent	que j'aie connu que tu aies connu qu'il ait connu que nous ayons connu que vous ayez connu qu'ils aient connu
조건법 현재	**조건법 과거**	**명령법**	
je connaîtrais tu connaîtrais il connaîtrait nous connaîtrions vous connaîtriez ils connaîtraient	j'aurais connu tu aurais connu il aurait connu nous aurions connu vous auriez connu ils auraient connu	connais connaissons connaissez	

Devoir

현재	복합과거	반과거	대과거
je dois tu dois il doit nous devons vous devez ils doivent	j'ai dû tu as dû il a dû nous avons dû vous avez dû ils ont dû	je devais tu devais il devait nous devions vous deviez ils devaient	j'avais dû tu avais dû il avait dû nous avions dû vous aviez dû ils avaient dû
단순미래	**전미래**	**접속법 현재**	**접속법 과거**
je devrai tu devras il devra nous devrons vous devrez ils devront	j'aurai dû tu auras dû il aura dû nous aurons dû vous aurez dû ils auront dû	que je doive que tu doives qu'il doive que nous devions que vous deviez qu'ils doivent	que j'aie dû que tu aies dû qu'il ait dû que nous ayons dû que vous ayez dû qu'ils aient dû
조건법 현재	**조건법 과거**	**명령법**	
je devrais tu devrais il devrait nous devrions vous devriez ils devraient	j'aurais dû tu aurais dû il aurait dû nous aurions dû vous auriez dû ils auraient dû	dois devons devez	

Dire

현재	복합과거	반과거	대과거
je **dis** tu **dis** il **dit** nous **disons** vous **dites** ils **disent**	j'ai **dit** tu as **dit** il a **dit** nous avons **dit** vous avez **dit** ils ont **dit**	je **disais** tu **disais** il **disait** nous **disions** vous **disiez** ils **disaient**	j'avais **dit** tu avais **dit** il avait **dit** nous avions **dit** vous aviez **dit** ils avaient **dit**
단순미래	**전미래**	**접속법 현재**	**접속법 과거**
je **dirai** tu **diras** il **dira** nous **dirons** vous **direz** ils **diront**	j'aurai **dit** tu auras **dit** il aura **dit** nous aurons **dit** vous aurez **dit** ils auront **dit**	que je **dise** que tu **dises** qu'il **dise** que nous **disions** que vous **disiez** qu'ils **disent**	que j'aie **dit** que tu aies **dit** qu'il ait **dit** que nous ayons **dit** que vous ayez **dit** qu'ils aient **dit**
조건법 현재	**조건법 과거**	**명령법**	
je **dirais** tu **dirais** il **dirait** nous **dirions** vous **diriez** ils **diraient**	j'aurais **dit** tu aurais **dit** il aurait **dit** nous aurions **dit** vous auriez **dit** ils auraient **dit**	**dis** **disons** **dites**	

Ecrire

현재	복합과거	반과거	대과거
j'écris tu écris il écrit nous écri**vons** vous écri**vez** ils écri**vent**	j'ai écrit tu as écrit il a écrit nous avons écrit vous avez écrit ils ont écrit	j'écri**vais** tu écri**vais** il écri**vait** nous écri**vions** vous écri**viez** ils écri**vaient**	j'avais écrit tu avais écrit il avait écrit nous avions écrit vous aviez écrit ils avaient écrit
단순미래	**전미래**	**접속법 현재**	**접속법 과거**
j'écri**rai** tu écri**ras** il écri**ra** nous écri**rons** vous écri**rez** ils écri**ront**	j'aurai écrit tu auras écrit il aura écrit nous aurons écrit vous aurez écrit ils auront écrit	que j'écri**ve** que tu écri**ves** qu'il écri**ve** que nous écri**vions** que vous écri**viez** qu'ils écri**vent**	que j'aie écrit que tu aies écrit qu'il ait écrit que nous ayons écrit que vous ayez écrit qu'ils aient écrit
조건법 현재	**조건법 과거**	**명령법**	
j'écri**rais** tu écri**rais** il écri**rait** nous écri**rions** vous écri**riez** ils écri**raient**	j'aurais écrit tu aurais écrit il aurait écrit nous aurions écrit vous auriez écrit ils auraient écrit	écris écri**vons** écri**vez**	

Faire

현재	복합과거	반과거	대과거
je **fais** tu **fais** il **fait** nous **faisons** vous **faites** ils **font**	j'ai **fait** tu as **fait** il a **fait** nous avons **fait** vous avez **fait** ils ont **fait**	je **faisais** tu **faisais** il **faisait** nous **faisions** vous **faisiez** ils **faisaient**	j'avais **fait** tu avais **fait** il avait **fait** nous avions **fait** vous aviez **fait** ils avaient **fait**
단순미래	**전미래**	**접속법 현재**	**접속법 과거**
je **ferai** tu **feras** il **fera** nous **ferons** vous **ferez** ils **feront**	j'aurai **fait** tu auras **fait** il aura **fait** nous aurons **fait** vous aurez **fait** ils auront **fait**	que je **fasse** que tu **fasses** qu'il **fasse** que nous **fassions** que vous **fassiez** qu'ils **fassent**	que j'aie **fait** que tu aies **fait** qu'il ait **fait** que nous ayons **fait** que vous ayez **fait** qu'ils aient **fait**
조건법 현재	**조건법 과거**	**명령법**	
je **ferais** tu **ferais** il **ferait** nous **ferions** vous **feriez** ils **feraient**	j'aurais **fait** tu aurais **fait** il aurait **fait** nous aurions **fait** vous auriez **fait** ils auraient **fait**	**fais** **faisons** **faites**	

Finir

현재	복합과거	반과거	대과거
je fin**is** tu fin**is** il fin**it** nous fin**issons** vous fin**issez** ils fin**issent**	j'ai fin**i** tu as fin**i** il a fin**i** nous avons fin**i** vous avez fin**i** ils ont fin**i**	je fin**issais** tu fin**issais** il fin**issait** nous fin**issions** vous fin**issiez** ils fin**issaient**	j'avais fin**i** tu avais fin**i** il avait fin**i** nous avions fin**i** vous aviez fin**i** ils avaient fin**i**
단순미래	**전미래**	**접속법 현재**	**접속법 과거**
je fin**irai** tu fin**iras** il fin**ira** nous fin**irons** vous fin**irez** ils fin**iront**	j'aurai fin**i** tu auras fin**i** il aura fin**i** nous aurons fin**i** vous aurez fin**i** ils auront fin**i**	que je fin**isse** que tu fin**isses** qu'il fin**isse** que nous fin**issions** que vous fin**issiez** qu'ils fin**issent**	que j'aie fin**i** que tu aies fin**i** qu'il ait fin**i** que nous ayons fin**i** que vous ayez fin**i** qu'ils aient fin**i**
조건법 현재	**조건법 과거**	**명령법**	
je fin**irais** tu fin**irais** il fin**irait** nous fin**irions** vous fin**iriez** ils fin**iraient**	j'aurais fin**i** tu aurais fin**i** il aurait fin**i** nous aurions fin**i** vous auriez fin**i** ils auraient fin**i**	fin**is** fin**issons** fin**issez**	

Habiter

현재	복합과거	반과거	대과거
j'habite tu habites il habite nous habitons vous habitez ils habitent	j'ai habité tu as habité il a habité nous avons habité vous avez habité ils ont habité	j'habitais tu habitais il habitait nous habitions vous habitiez ils habitaient	j'avais habité tu avais habité il avait habité nous avions habité vous aviez habité ils avaient habité
단순미래	**전미래**	**접속법 현재**	**접속법 과거**
j'habiterai tu habiteras il habitera nous habiterons vous habiterez ils habiteront	j'aurai habité tu auras habité il aura habité nous aurons habité vous aurez habité ils auront habité	que j'habite que tu habites qu'il habite que nous habitions que vous habitiez qu'ils habitent	que j'aie habité que tu aies habité qu'il ait habité que nous ayons habité que vous ayez habité qu'ils aient habité
조건법 현재	**조건법 과거**	**명령법**	
j'habiterais tu habiterais il habiterait nous habiterions vous habiteriez ils habiteraient	j'aurais habité tu aurais habité il aurait habité nous aurions habité vous auriez habité ils auraient habité	habite habitons habitez	

Lever (Se)

현재	복합과거	반과거	대과거
je me lève tu te lèves il se lève nous nous levons vous vous levez ils se lèvent	je me suis levé tu t'es levé il s'est levé nous nous sommes levés vous vous êtes levés ils se sont levés	je me levais tu te levais il se levait nous nous levions vous vous leviez ils se levaient	je m'étais levé tu t'étais levé il s'était levé nous nous étions levés vous vous étiez levés ils s'étaient levés
단순미래	**전미래**	**접속법 현재**	**접속법 과거**
je me lèverai tu te lèveras il se lèvera nous nous lèverons vous vous lèverez ils se lèveront	je me serai levé tu te seras levé il se sera levé nous nous serons levés vous vous serez levés ils se seront levés	que je me lève que tu te lèves qu'il se lève que nous nous levions que vous vous leviez qu'ils se lèvent	que je me sois levé que tu te sois levé qu'il se soit levé que nous nous soyons levés que vous vous soyez levés qu'ils se soient levés
조건법 현재	**조건법 과거**	**명령법**	
je me lèverais tu te lèverais il se lèverait nous nous lèverions vous vous lèveriez ils se lèveraient	je me serais levé tu te serais levé il se serait levé nous nous serions levés vous vous seriez levés ils se seraient levés	lève-toi levons-nous levez-vous	

Lire

현재	복합과거	반과거	대과거
je lis tu lis il lit nous lisons vous lisez ils lisent	j'ai lu tu as lu il a lu nous avons lu vous avez lu ils ont lu	je lisais tu lisais il lisait nous lisions vous lisiez ils lisaient	j'avais lu tu avais lu il avait lu nous avions lu vous aviez lu ils avaient lu
단순미래	**전미래**	**접속법 현재**	**접속법 과거**
je lirai tu liras il lira nous lirons vous lirez ils liront	j'aurai lu tu auras lu il aura lu nous aurons lu vous aurez lu ils auront lu	que je lise que tu lises qu'il lise que nous lisions que vous lisiez qu'ils lisent	que j'aie lu que tu aies lu qu'il ait lu que nous ayons lu que vous ayez lu qu'ils aient lu
조건법 현재	**조건법 과거**	**명령법**	
je lirais tu lirais il lirait nous lirions vous liriez ils liraient	j'aurais lu tu aurais lu il aurait lu nous aurions lu vous auriez lu ils auraient lu	lis lisons lisez	

Mettre

현재	복합과거	반과거	대과거
je mets tu mets il met nous mettons vous mettez ils mettent	j'ai mis tu as mis il a mis nous avons mis vous avez mis ils ont mis	je mettais tu mettais il mettait nous mettions vous mettiez ils mettaient	j'avais mis tu avais mis il avait mis nous avions mis vous aviez mis ils avaient mis
단순미래	**전미래**	**접속법 현재**	**접속법 과거**
je mettrai tu mettras il mettra nous mettrons vous mettrez ils mettront	j'aurai mis tu auras mis il aura mis nous aurons mis vous aurez mis ils auront mis	que je mette que tu mettes qu'il mette que nous mettions que vous mettiez qu'ils mettent	que j'aie mis que tu aies mis qu'il ait mis que nous ayons mis que vous ayez mis qu'ils aient mis
조건법 현재	**조건법 과거**	**명령법**	
je mettrais tu mettrais il mettrait nous mettrions vous mettriez ils mettraient	j'aurais mis tu aurais mis il aurait mis nous aurions mis vous auriez mis ils auraient mis	mets mettons mettez	

Ouvrir

현재	복합과거	반과거	대과거
j'ouvre tu ouvres il ouvre nous ouvrons vous ouvrez ils ouvrent	j'ai ouvert tu as ouvert il a ouvert nous avons ouvert vous avez ouvert ils ont ouvert	j'ouvrais tu ouvrais il ouvrait nous ouvrions vous ouvriez ils ouvraient	j'avais ouvert tu avais ouvert il avait ouvert nous avions ouvert vous aviez ouvert ils avaient ouvert
단순미래	**전미래**	**접속법 현재**	**접속법 과거**
j'ouvrirai tu ouvriras il ouvrira nous ouvrirons vous ouvrirez ils ouvriront	j'aurai ouvert tu auras ouvert il aura ouvert nous aurons ouvert vous aurez ouvert ils auront ouvert	que j'ouvre que tu ouvres qu'il ouvre que nous ouvrions que vous ouvriez qu'ils ouvrent	que j'aie ouvert que tu aies ouvert qu'il ait ouvert que nous ayons ouvert que vous ayez ouvert qu'ils aient ouvert
조건법 현재	**조건법 과거**	**명령법**	
j'ouvrirais tu ouvrirais il ouvrirait nous ouvririons vous ouvririez ils ouvriraient	j'aurais ouvert tu aurais ouvert il aurait ouvert nous aurions ouvert vous auriez ouvert ils auraient ouvert	ouvre ouvrons ouvrez	

Partir

현재	복합과거	반과거	대과거
je pars tu pars il part nous partons vous partez ils partent	je suis parti tu es parti il est parti nous sommes partis vous êtes partis ils sont partis	je partais tu partais il partait nous partions vous partiez ils partaient	j'étais parti tu étais parti il était parti nous étions partis vous étiez partis ils étaient partis
단순미래	**전미래**	**접속법 현재**	**접속법 과거**
je partirai tu partiras il partira nous partirons vous partirez ils partiront	je serai parti tu seras parti il sera parti nous serons partis vous serez partis ils seront partis	que je parte que tu partes qu'il parte que nous partions que vous partiez qu'ils partent	que je sois parti que tu sois parti qu'il soit parti que nous soyons partis que vous soyez partis qu'ils soient partis
조건법 현재	**조건법 과거**	**명령법**	
je partirais tu partirais il partirait nous partirions vous partiriez ils partiraient	je serais parti tu serais parti il serait parti nous serions partis vous seriez partis ils seraient partis	pars partons partez	

Pouvoir

현재	복합과거	반과거	대과거
je **peux** tu **peux** il **peut** nous **pouvons** vous **pouvez** ils **peuvent**	j'ai **pu** tu as **pu** il a **pu** nous avons **pu** vous avez **pu** ils ont **pu**	je **pouvais** tu **pouvais** il **pouvait** nous **pouvions** vous **pouviez** ils **pouvaient**	j'avais **pu** tu avais **pu** il avait **pu** nous avions **pu** vous aviez **pu** ils avaient **pu**
단순미래	**전미래**	**접속법 현재**	**접속법 과거**
je **pourrai** tu **pourras** il **pourra** nous **pourrons** vous **pourrez** ils **pourront**	j'aurai **pu** tu auras **pu** il aura **pu** nous aurons **pu** vous aurez **pu** ils auront **pu**	que je **puisse** que tu **puisses** qu'il **puisse** que nous **puissions** que vous **puissiez** qu'ils **puissent**	que j'aie **pu** que tu aies **pu** qu'il ait **pu** que nous ayons **pu** que vous ayez **pu** qu'ils aient **pu**
조건법 현재	**조건법 과거**	**명령법**	
je **pourrais** tu **pourrais** il **pourrait** nous **pourrions** vous **pourriez** ils **pourraient**	j'aurais **pu** tu aurais **pu** il aurait **pu** nous aurions **pu** vous auriez **pu** ils auraient **pu**	- - -	

Prendre

현재	복합과거	반과거	대과거
je **prends** tu **prends** il **prend** nous **prenons** vous **prenez** ils **prennent**	j'ai **pris** tu as **pris** il a **pris** nous avons **pris** vous avez **pris** ils ont **pris**	je **prenais** tu **prenais** il **prenait** nous **prenions** vous **preniez** ils **prenaient**	j'avais **pris** tu avais **pris** il avait **pris** nous avions **pris** vous aviez **pris** ils avaient **pris**
단순미래	**전미래**	**접속법 현재**	**접속법 과거**
je **prendrai** tu **prendras** il **prendra** nous **prendrons** vous **prendrez** ils **prendront**	j'aurai **pris** tu auras **pris** il aura **pris** nous aurons **pris** vous aurez **pris** ils auront **pris**	que je **prenne** que tu **prennes** qu'il **prenne** que nous **prenions** que vous **preniez** qu'ils **prennent**	que j'aie **pris** que tu aies **pris** qu'il ait **pris** que nous ayons **pris** que vous ayez **pris** qu'ils aient **pris**
조건법 현재	**조건법 과거**	**명령법**	
je **prendrais** tu **prendrais** il **prendrait** nous **prendrions** vous **prendriez** ils **prendraient**	j'aurais **pris** tu aurais **pris** il aurait **pris** nous aurions **pris** vous auriez **pris** ils auraient **pris**	**prends** **prenons** **prenez**	

Regarder

현재	복합과거	반과거	대과거
je regard**e** tu regard**es** il regard**e** nous regard**ons** vous regard**ez** ils regard**ent**	j'ai regard**é** tu as regard**é** il a regard**é** nous avons regard**é** vous avez regard**é** ils ont regard**é**	je regard**ais** tu regard**ais** il regard**ait** nous regard**ions** vous regard**iez** ils regard**aient**	j'avais regard**é** tu avais regard**é** il avait regard**é** nous avions regard**é** vous aviez regard**é** ils avaient regard**é**
단순미래	**전미래**	**접속법 현재**	**접속법 과거**
je regard**erai** tu regard**eras** il regard**era** nous regard**erons** vous regard**erez** ils regard**eront**	j'aurai regard**é** tu auras regard**é** il aura regard**é** nous aurons regard**é** vous aurez regard**é** ils auront regard**é**	que je regard**e** que tu regard**es** qu'il regard**e** que nous regard**ions** que vous regard**iez** qu'ils regard**ent**	que j'aie regard**é** que tu aies regard**é** qu'il ait regard**é** que nous ayons regard**é** que vous ayez regard**é** qu'ils aient regard**é**
조건법 현재	**조건법 과거**	**명령법**	
je regard**erais** tu regard**erais** il regard**erait** nous regard**erions** vous regard**eriez** ils regard**eraient**	j'aurais regard**é** tu aurais regard**é** il aurait regard**é** nous aurions regard**é** vous auriez regard**é** ils auraient regard**é**	regard**e** regard**ons** regard**ez**	

Savoir

현재	복합과거	반과거	대과거
je **sais** tu **sais** il **sait** nous **savons** vous **savez** ils **savent**	j'ai **su** tu as **su** il a **su** nous avons **su** vous avez **su** ils ont **su**	je **savais** tu **savais** il **savait** nous **savions** vous **saviez** ils **savaient**	j'avais **su** tu avais **su** il avait **su** nous avions **su** vous aviez **su** ils avaient **su**
단순미래	**전미래**	**접속법 현재**	**접속법 과거**
je **saurai** tu **sauras** il **saura** nous **saurons** vous **saurez** ils **sauront**	j'aurai **su** tu auras **su** il aura **su** nous aurons **su** vous aurez **su** ils auront **su**	que je **sache** que tu **saches** qu'il **sache** que nous **sachions** que vous **sachiez** qu'ils **sachent**	que j'aie **su** que tu aies **su** qu'il ait **su** que nous ayons **su** que vous ayez **su** qu'ils aient **su**
조건법 현재	**조건법 과거**	**명령법**	
je **saurais** tu **saurais** il **saurait** nous **saurions** vous **sauriez** ils **sauraient**	j'aurais **su** tu aurais **su** il aurait **su** nous aurions **su** vous auriez **su** ils auraient **su**	**sache** **sachons** **sachez**	

Venir

현재	복합과거	반과거	대과거
je ***viens*** *tu* ***viens*** *il* ***vient*** *nous* ***venons*** *vous* ***venez*** *ils* ***viennent***	*je suis* ***venu*** *tu es* ***venu*** *il est* ***venu*** *nous sommes* ***venus*** *vous êtes* ***venus*** *ils sont* ***venus***	*je* ***venais*** *tu* ***venais*** *il* ***venait*** *nous* ***venions*** *vous* ***veniez*** *ils* ***venaient***	*j'étais* ***venu*** *tu étais* ***venu*** *il était* ***venu*** *nous étions* ***venus*** *vous étiez* ***venus*** *ils étaient* ***venus***
단순미래	**전미래**	**접속법 현재**	**접속법 과거**
je ***viendrai*** *tu* ***viendras*** *il* ***viendra*** *nous* ***viendrons*** *vous* ***viendrez*** *ils* ***viendront***	*je serai* ***venu*** *tu seras* ***venu*** *il sera* ***venu*** *nous serons* ***venus*** *vous serez* ***venus*** *ils seront* ***venus***	*que je* ***vienne*** *que tu* ***viennes*** *qu'il* ***vienne*** *que nous* ***venions*** *que vous* ***veniez*** *qu'ils* ***viennent***	*que je sois* ***venu*** *que tu sois* ***venu*** *qu'il soit* ***venu*** *que nous soyons* ***venus*** *que vous soyez* ***venus*** *qu'ils soient* ***venus***
조건법 현재	**조건법 과거**	**명령법**	
je ***viendrais*** *tu* ***viendrais*** *il* ***viendrait*** *nous* ***viendrions*** *vous* ***viendriez*** *ils* ***viendraient***	*je serais* ***venu*** *tu serais* ***venu*** *il serait* ***venu*** *nous serions* ***venus*** *vous seriez* ***venus*** *ils seraient* ***venus***	***viens*** ***venons*** ***venez***	

Vivre

현재	복합과거	반과거	대과거
je ***vis*** *tu* ***vis*** *il* ***vit*** *nous* ***vivons*** *vous* ***vivez*** *ils* ***vivent***	*j'ai* ***vécu*** *tu as* ***vécu*** *il a* ***vécu*** *nous avons* ***vécu*** *vous avez* ***vécu*** *ils ont* ***vécu***	*je* ***vivais*** *tu* ***vivais*** *il* ***vivait*** *nous* ***vivions*** *vous* ***viviez*** *ils* ***vivaient***	*j'avais* ***vécu*** *tu avais* ***vécu*** *il avait* ***vécu*** *nous avions* ***vécu*** *vous aviez* ***vécu*** *ils avaient* ***vécu***
단순미래	**전미래**	**접속법 현재**	**접속법 과거**
je ***vivrai*** *tu* ***vivras*** *il* ***vivra*** *nous* ***vivrons*** *vous* ***vivrez*** *ils* ***vivront***	*j'aurai* ***vécu*** *tu auras* ***vécu*** *il aura* ***vécu*** *nous aurons* ***vécu*** *vous aurez* ***vécu*** *ils auront* ***vécu***	*que je* ***vive*** *que tu* ***vives*** *qu'il* ***vive*** *que nous* ***vivions*** *que vous* ***viviez*** *qu'ils* ***vivent***	*que j'aie* ***vécu*** *que tu aies* ***vécu*** *qu'il ait* ***vécu*** *que nous ayons* ***vécu*** *que vous ayez* ***vécu*** *qu'ils aient* ***vécu***
조건법 현재	**조건법 과거**	**명령법**	
je ***vivrais*** *tu* ***vivrais*** *il* ***vivrait*** *nous* ***vivrions*** *vous* ***vivriez*** *ils* ***vivraient***	*j'aurais* ***vécu*** *tu aurais* ***vécu*** *il aurait* ***vécu*** *nous aurions* ***vécu*** *vous auriez* ***vécu*** *ils auraient* ***vécu***	***vis*** ***vivons*** ***vivez***	

Voir

현재	복합과거	반과거	대과거
*je **vois** tu **vois** il **voit** nous **voyons** vous **voyez** ils **voient***	*j'ai **vu** tu as **vu** il a **vu** nous avons **vu** vous avez **vu** ils ont **vu***	*je **voyais** tu **voyais** il **voyait** nous **voyions** vous **voyiez** ils **voyaient***	*j'avais **vu** tu avais **vu** il avait **vu** nous avions **vu** vous aviez **vu** ils avaient **vu***

단순미래	전미래	접속법 현재	접속법 과거
*je **verrai** tu **verras** il **verra** nous **verrons** vous **verrez** ils **verront***	*j'aurai **vu** tu auras **vu** il aura **vu** nous aurons **vu** vous aurez **vu** ils auront **vu***	*que je **voie** que tu **voies** qu'il **voie** que nous **voyions** que vous **voyiez** qu'ils **voient***	*que j'aie **vu** que tu aies **vu** qu'il ait **vu** que nous ayons **vu** que vous ayez **vu** qu'ils aient **vu***

조건법 현재	조건법 과거	명령법
*je **verrais** tu **verrais** il **verrait** nous **verrions** vous **verriez** ils **verraient***	*j'aurais **vu** tu aurais **vu** il aurait **vu** nous aurions **vu** vous auriez **vu** ils auraient **vu***	***vois** **voyons** **voyez***

Vouloir

현재	복합과거	반과거	대과거
*je **veux** tu **veux** il **veut** nous **voulons** vous **voulez** ils **veulent***	*j'ai **voulu** tu as **voulu** il a **voulu** nous avons **voulu** vous avez **voulu** ils ont **voulu***	*je **voulais** tu **voulais** il **voulait** nous **voulions** vous **vouliez** ils **voulaient***	*j'avais **voulu** tu avais **voulu** il avait **voulu** nous avions **voulu** vous aviez **voulu** ils avaient **voulu***

단순미래	전미래	접속법 현재	접속법 과거
*je **voudrai** tu **voudras** il **voudra** nous **voudrons** vous **voudrez** ils **voudront***	*j'aurai **voulu** tu auras **voulu** il aura **voulu** nous aurons **voulu** vous aurez **voulu** ils auront **voulu***	*que je **veuille** que tu **veuilles** qu'il **veuille** que nous **voulions** que vous **vouliez** qu'ils **veuillent***	*que j'aie **voulu** que tu aies **voulu** qu'il ait **voulu** que nous ayons **voulu** que vous ayez **voulu** qu'ils aient **voulu***

조건법 현재	조건법 과거	명령법
*je **voudrais** tu **voudrais** il **voudrait** nous **voudrions** vous **voudriez** ils **voudraient***	*j'aurais **voulu** tu aurais **voulu** il aurait **voulu** nous aurions **voulu** vous auriez **voulu** ils auraient **voulu***	***veux/veuille** **voulons** **voulez/veuillez***

참고문헌

BERARD, Evelyne & LAVENNE, Christian (1991), *Grammaire utile du français*, Hatier/Didier.

DELATOUR, Yvonne, JENNEPIN, Dominique, LEON-DUFOUR, Maylis & TEYSSIER, Brigitte (2004), *Nouvelle Grammaire de Français. Cours de Civilisation Française de la Sorbonne*, Hachette FLE.

GLAUD, Ludivine, LANNIER, Muriel & LOISEAU, Yves (2015), *Grammaire essentielle du français A1/A2*, Didier.

GLAUD, Ludivine, LOISEAU, Yves & MERLET, Elise (2015), *Grammaire essentielle du français B1*, Didier.

GREGOIRE, Maïa & THIEVENAZ, Odile (2013), *Grammaire progressive du français. Niveau intermédiaire*, 3e édition, Clé international.

GREVISSE, Maurice (2001), *Le bon usage*, 13e édition refondue par André Goosse, De Boeck- Duculot.

LE GOFFIC, Pierre, *Grammaire de la phrase française*, Hachette, 1993.

POISSON-QUINTON, Sylvie, MIMRAN, MAHEO-LE COADIC, Michèle (2007[2002]), *Grammaire expliquée du français. Niveau intermédiaire*, Clé international.

RIEGEL, Martin, PELLAT, Jean-Christophe & RIOUL, René (1994), *Grammaire méthodique du français*, PUF.

De SALINS, Geneviève-Dominique (1996), *Grammaire pour l'enseignement/apprentissage du FLE*, Didier/Hatier.

STRUVE-DEBEAUX, Anne (2010), *Maîtriser la grammaire française. Niveau B1-C1,* Belin.

TOMASSONES, Roberte (1998), *Pour enseigner la grammaire*, Delagrave.

서덕렬, 이상우(2003), 프랑스어문법 파노라마, 만남.

서정철, 이창순(2010), 새로운 표준 프랑스어 문법, 신아사.

한상헌(2013), 프랑스어 학습 문법, 만남.

윤소영(Soyoung Yun-Roger)

- 프랑스 파리 III-소르본 누벨 대학 언어학과 학사, 석사, 박사.
- 프랑스 파리 III-소르본 누벨 대학 언어학과 ATER(비정년트랙전임교원).
- 프랑스 파리 III-소르본 누벨 대학 시간강사, 프랑스 국립동양학대학 INALCO 시간강사.
- 경희대학교, 고려대학교, 홍익대학교 시간강사.
- 현재 동덕여자대학교에서 연구와 후학 양성 활동에 전념 중.

주요 논문 및 저서

- 로망포토(Roman-Photo) 프로젝트를 통합한 문법 교수·학습,『프랑스어문교육학회』제44집.
- La grammaire de l'oral en didactique du FLE : les marques linguistiques de l'oralité dans le tour de Gaule d'Astérix,『프랑스어문교육학회』제51집.
- Le Smartphone dans un cours de langue étrangère : retour d'expérience d'un cours de français oral à l'Université en Corée,『한국프랑스학논집』제78집.
- Observations on the Use of Two Pedagogical Tools for Korean language learning/teaching in France - Case study of French Learners of Korean at INALCO,『Journal of Korean Language Education』21/1.

- 『프랑스학에 기반을 둔 대학 상호문화교육』, 박영스토리.
- 『J'aime le coréen ! Le coréen de tous les jours pour les francophones』, Shinasa.

핵심 프랑스어 문법규칙 60

초판 1쇄 발행 _ 2017년 3월 7일

저　자 · 윤 소 영
발행인 · 정 현 걸
발　행 · 신 아 사
인　쇄 · 토탈프로세스
주　소 · 서울특별시 은평구 통일로 59길 4 (2층)
전　화 · (02) 382-6411　팩스 · (02) 382-6401
홈페이지 · www.shinasa.co.kr
E-mail · shinasa@daum.net
출판등록 · 1956년 1월 5일 (제 9-52호)

ISBN : 978-89-8396-990-3 (93760)

정가 15,000원